Friedrich Hinkel

MACH DAS BESTE AUS DIR
FÜR DICH UND ANDERE !

Wegweiser für ein
erfülltes und erfolgreiches Leben

Verlag und Druck:
tredition GmbH
Halenreie 40-44
22359 Hamburg

978-3-347-06614-4 (Paperback)
978-3-347-06615-1 (Hardcover)
978-3-347-06616-8 (e-Book)

Bibliografische Information der Deutschen Nationalbibliothek:
Die Deutsche Nationalbibliothek verzeichnet diese Publikation in der Deutschen Nationalbibliografie; detaillierte bibliografische Daten sind im Internet über http://dnb.d-nb.de abrufbar.

MACH DAS BESTE AUS DIR
FÜR DICH UND ANDERE

Für

Ulrike
Carsten
Giuliana
Maria
und
Nely

Inhalt

Einleitung

Wir müssen im Leben ständig Entscheidungen treffen. Sehr oft geht es dabei um zwei Fragen: *Was will ich?* und *Wie kann ich es erreichen?* Um nicht Spielball unserer Umweltverhältnisse und Stimmungsschwankungen, sondern Herr des Geschehens zu sein, brauchen wir für die Beantwortung dieser Fragen einen Wegweiser, der uns die großen Lebensziele und den Weg dorthin zeigt. Dies gilt besonders in unserer schnelllebigen Zeit mit ihren ständig wechselnden Situationen und Optionen, Versuchungen, Verunsicherungen und Gefahren sowie der Informationsflut, die täglich auf uns einströmt. Wir müssen den Überblick behalten.

Wir dürfen neben unseren Tages-, Wochen-, Monats- und etwaigen Jahreszielen vor allem unsere großen Lebensziele und Aufgaben – aus denen unsere täglichen Ziele und Aufgaben ja erst ihren tieferen Sinn erhalten – sowie die für die Ausführung der Aufgaben verfügbaren Mittel und Verfahren nicht aus den Augen verlieren. Je mehr Klarheit wir hierüber haben, desto gefestigter stehen wir im Leben und desto besser werden wir unsere Ziele erreichen.

Es besteht Anlass für die Befürchtung, dass es vielen Menschen an einem solchen Wegweiser mangelt. Die Feststellung eines Autors, dass die meisten Menschen einen vierzehntägigen Urlaub sorgfältiger planen als ihr Leben, erschreckt und stimmt nachdenklich, auch wenn das hoffentlich in diesem Ausmaß nicht zutrifft. Jeder muss sich selbst fragen, wie es bei ihm mit der detaillierten Lebensplanung bestellt ist und was er auf die Frage nach seinen Lebenszielen und dem Weg dorthin antworten würde.

Auf jeden Fall ist das Leben zu wertvoll, um es, wie so oft, ziel- und planlos mit Nebensächlichkeiten und Nichtigkeiten zu füllen.

Hier gilt es, Abhilfe zu schaffen, indem man sich intensiv um die Ausarbeitung und Anwendung seines Lebenswegweisers kümmert. Was für die sorgfältige Planung einer Urlaubsreise spricht, spricht erst recht für die sorgfältige Planung der Lebensreise. Jedes Mal steht nur ein begrenzter Zeitraum für die Realisierung des Vorhabens zur Verfügung, den es bestmöglich zu nutzen gilt.

Doch welche Richtung sollen wir einschlagen? Was wollen wir aus unserem Leben machen? Welche Ziele wollen wir verfolgen und wie können wir sie am besten erreichen, damit wir am Ende auf ein möglichst erfülltes Leben zurückblicken können?

So unterschiedlich die Antworten hierauf im Einzelnen auch lauten werden, so dürfte doch zumindest in unserer westlichen Welt darüber Übereinstimmung bestehen, dass zu einem wünschenswerten Leben Selbstbestimmung und Selbstentfaltung gehören und nicht Fremdbestimmung und Selbstverleugnung. Auf dieser Grundlage lautet die Antwort auf die vorstehenden Fragen häufig: *Sei du selbst. Verwirkliche dich.* Folgt man dieser Auffassung und sieht in der Selbstverwirklichung eine herausragende Lebensaufgabe – wovon im Folgenden ausgegangen wird –, führt dies dazu, dass ein Wegweiser für das Leben zugleich ein Wegweiser für die Selbstverwirklichung sein muss.

Doch was heißt Selbstverwirklichung? Welche Ziele sollen wir bei der Selbstverwirklichung verfolgen und wie sollen wir dabei vorgehen? Das Buch will bei der Beantwortung dieser Fragen helfen. Es verfolgt ein inhaltliches, ein methodisches und ein praktisches Anliegen.

Das inhaltliche Anliegen betrifft das *Was* und *Warum*, nämlich die Frage, welche Leitziele aus welchem Grund mit der Selbstverwirklichung verfolgt werden sollen und welche Aufgaben sich hieraus für den Einzelnen ergeben. Die gesuchten Leitziele sollen dabei so allgemein gehalten sein, dass sie für alle Menschen – Gläubige wie Ungläubige – gelten können.

Das methodische Anliegen betrifft das *Wie*, das heißt die Frage, welche Mittel und Verfahren für die Ausführung der Aufgaben zur Verfügung stehen.

Fasst man beide Anliegen zusammen, geht es darum, die Leitziele, Aufgaben, Mittel und Verfahren der Selbstverwirklichung ausführlich zu beschreiben. Zwischen diesen vier Gegenständen besteht ein enger sachlicher, logischer und insoweit systematischer Zusammenhang. An der Spitze stehen die Leitziele der Selbstverwirklichung, aus ihnen folgen die Aufgaben der Selbstverwirklichung und aus diesen wiederum ergeben sich die Mittel und Verfahren, die für die Ausführung der Aufgaben benötigt werden.

Das praktische Anliegen schließlich betrifft das *Wozu*: Welchen Zweck soll der Wegweiser erfüllen? Er soll dem Leser die für seine Lebensgestaltung nötige Orientierung und Sicherheit geben und auf diese Weise auch dessen inneren und äußeren Frieden sowie den sozialen Frieden insgesamt fördern. Selbstverwirklichung ist eine Tag für Tag, das ganze Leben andauernde Aufgabe des Menschen. Der Wegweiser muss deshalb der täglichen Praxis dienen. Zu diesem Zweck wird bei den Ausführungen eingehend auf die bei der Selbstverwirklichung im täglichen Leben auftretenden Bedürfnisse und Aufgaben des Menschen sowie die zu ihrer Lösung verfügbaren Mittel und Verfahren eingegangen.

Der vorgestellte Wegweiser versteht sich wegen seines systematischen Aufbaus und hohen Praxisbezugs als ein kompaktes, klar gegliedertes und an den Bedürfnissen der Praxis orientiertes Werkzeug für die Lebensgestaltung, auf das bei Bedarf jederzeit und unabhängig von anderen Personen wie auf eine Landkarte, die man bei sich führt, zurückgegriffen werden kann.

Im Hinblick auf diesen umfassenden systematischen und praktischen Ansatz, die zentrale Bedeutung der Selbstverwirklichung für die Lebensführung und den zeitlichen, sich über das ganze Leben erstreckenden Umfang der Selbstverwirklichungsaufgabe ist der vorliegende Wegweiser nicht nur ein Wegweiser für die Selbstverwirklichung, sondern auch ein Wegweiser für das Leben.

Der Wegweiser besteht aus vier Teilen:
- Im 1. Teil werden die Leitziele für das Leben präzisiert.
- Im 2. Teil werden die Aufgaben, die sich aus den Leitzielen ergeben, erläutert.
- Im 3. Teil werden die für die Ausführung der Aufgaben verfügbaren Mittel beschrieben.
- Im 4. Teil wird das bei der Ausführung der Aufgaben anzuwendende Verfahren behandelt.

In allen vier Teilen wird zum Zweck der Transparenz und Orientierung auf eine detaillierte Gliederung des Stoffes Wert gelegt. Bei den Ausführungen wird überwiegend die Wir-Form verwandt, weil der Verfasser die Selbstverwirklichung als eine Aufgabe betrachtet, die alle Menschen in gleichem Maße betrifft, also ihn selbst genauso wie jeden Leser dieses Buches, und er sich insoweit mit jedem Leser verbunden fühlt.

Auf den Hauptteil folgen das Schlusswort und fünf Tabellen, die wesentliche Teile des Hauptteils stark verkürzt wiedergeben. Das Buch endet mit dem Anmerkungsteil, dem Literaturverzeichnis und dem Sachregister.

Erster Teil: LEITZIELE

A. Der Wert und das Wohl des Menschen als Leitziele der Selbstverwirklichung

Die Frage, welche Ziele mit der Selbstverwirklichung verfolgt werden sollen, hängt von der Auslegung des Begriffs der Selbstverwirklichung ab.

Eine erste Auslegungsmöglichkeit besteht darin, Selbstverwirklichung im Sinne von *selbst tun, selbst ausführen* zu verstehen. Die Vorsilbe *Selbst* bezeichnet hierbei die Person des Ausführenden. Bei dieser Auslegung kommt es entscheidend darauf an, dass das Ziel und der Weg selbstbestimmt und nicht fremdbestimmt gewählt und ausgeführt werden.

Eine zweite Möglichkeit der Auslegung besteht darin, Selbstverwirklichung im Sinne von *Verwirklichung des Selbst* zu verstehen. Hier bezeichnet die Silbe *Selbst* nicht die Person des Ausführenden, sondern den Gegenstand der Ausführung. Dieser Gegenstand kann unterschiedlicher Art sein. So kann damit nur das Potenzial (an Fähigkeiten und Möglichkeiten) des Einzelnen gemeint sein oder nur sein Wohl oder nur sein Wert (im umfassenden Sinne, einschließlich seines Potenzials) oder sein Wert und sein Wohl.

Eine dritte Auslegungsmöglichkeit besteht in der Kombination der beiden vorgenannten Möglichkeiten, das heißt, der Begriff der Selbstverwirklichung wird in dem Sinne verwandt, dass er sowohl Auskunft über den Ausführenden als auch über den Gegenstand der Verwirklichung gibt, wobei bezüglich des Gegenstandes wie vorstehend beschrieben unterschieden werden kann.

Der Begriff der *Selbstverwirklichung*, um den es hier geht, entspricht dieser dritten Auslegungsmöglichkeit. Er beinhaltet also sowohl eine Aussage über die Person des Ausführenden (jeder muss es selbst tun) als auch über den Gegenstand der Verwirklichung, wobei der Gegenstand weit gefasst wird: Er umfasst den Wert und das Wohl des Menschen. Beide, der Wert des Menschen und das Wohl des Menschen, werden im Folgenden wegen ihrer grundlegenden Bedeutung für die Selbstverwirklichung als *Leitziele der Selbstverwirklichung* bezeichnet. Grundlage hierfür ist die Annahme und Überzeugung, dass jeder Mensch einen besonderen Wert darstellt und nach Wohlbefinden strebt und dass es bei der Selbstverwirklichung um die Achtung und Entfaltung des Menschenwerts und die Förderung des Menschenwohls geht.

B. Psychologische und ethische Seite der Leitziele

I. Psychologische Seite

Die psychologische Seite des Menschenwerts als Leitziel der Selbstverwirklichung betrifft die wesentlichen Eigenschaften und Fähigkeiten des Menschen, die ihn typischerweise von den anderen Lebewesen unterscheiden. Dies sind gegenüber den Tieren und Pflanzen seine Vernunft-, Moral- und Selbstbestimmungsfähigkeit, gegenüber den anderen Menschen seine Individualität, die sich in seinem Wollen, Können und Tun zeigt. Hier stellen sich etwa folgende Fragen: Welche besonderen Ziele verfolgt der Einzelne? Welche besonderen Eigenschaften, Talente und Fähigkeiten hat er, die ihn gegenüber anderen Menschen hervorheben? Wie geht er bei der Verfolgung seiner Ziele und der Anwendung seiner Fähigkeiten vor?

Die psychologische Seite des Menschenwohls als Leitziel der Selbstverwirklichung betrifft Fragen wie:

- Wann fühlt sich der Mensch wohl?
- Was gehört zu seinem Wohlsein?
- Welche Bedürfnisse, Interessen und Wünsche tragen zu seinem Wohlbefinden bei?
- Was kann er für sein Wohlbefinden tun?

II. Ethische Seite

Während es bei der psychologischen Seite der Selbstverwirklichung um das Sein, die wertungsfreie Feststellung geht, was ist, geht es bei der ethischen Seite um die Bewertung des Seins und damit um das Sollen. *Warum soll ich die Leitziele verfolgen? Was macht ihren besonderen Wert aus?*

Der besondere Wert des Menschen beruht auf der Sonderstellung, die jeder Mensch hat. Er ist ein Mensch, wie jeder andere Mensch. Er ist aber auch ein Individuum, wie kein anderer Mensch. Als Mensch hebt er sich von den niederen Lebewesen, wie den Tieren, im Wesentlichen durch seine Vernunft-, Moral- und Selbstbestimmungsfähigkeiten ab, die ihn in die Lage versetzen, über das Tierisch-Triebhafte und -Egoistische hinauszuwachsen und zu einer geistig-sittlichen und auch altruistischen Lebensführung zu gelangen. Als Individuum unterscheidet er sich von den anderen Menschen durch seine Individualität und damit Einmaligkeit im Sein, Wollen, Können und Tun. Jeder Mensch hat seine eigenen Fähigkeiten und Wünsche und setzt diese ganz verschieden um. Diese Sonderstellung jedes Einzelnen als Mensch und als Individuum macht seinen besonderen Wert gegenüber allen anderen Lebewesen aus. Sie beinhaltet zugleich den Auftrag, sich gemäß diesem Wert menschenwürdig zu verhalten. Hoffmeister führt hierzu aus: »Die Eigenschaften, die den Menschen ausmachen, sind ihm nicht nur von der Natur gegeben, sondern zugleich aufgegeben; sie verpflichten ihn dazu, dies wesentlich Menschliche als den Sinn und Zweck des Menschseins zu erkennen und bewusst zu bilden.«[1] Das heißt zweierlei: Der Mensch soll seinen Wert erkennen, achten und unter Anwendung seiner Vernunft-, Moral- und Selbstbestimmungsfähigkeit entfalten und alles dafür Erforderliche und Zweckmäßige tun.[2] Er soll wegen der Gleichheit der Menschen an Wert und Menschenrechten aber auch den Wert jedes Mitmenschen erkennen und achten.[3]

Im christlichen Denken wird der besondere Wert des Menschen nebst den sich daraus ergebenden Folgen mit der Gottesebenbildlichkeit des Menschen begründet. So heißt es im Alten Testament, Erstes Buch Mose 1,27: »Gott schuf den Menschen zu seinem Bilde, zum Bilde Gottes schuf er ihn.« Ist der Mensch ein Ebenbild Gottes, dem Höchstwert des christlichen Glaubens, so hat er auch Anteil an dessen Wert und ist insoweit auch der höchste Wert auf Erden.[4]

Die Wertigkeit des Menschenwohls als Leitziel der Selbstverwirklichung ergibt sich bereits aus dem besonderen Wert des Menschen. Es wäre widersinnig, dem Menschen einen hohen Wert zuzusprechen, das Wohl des Menschen aber nicht als einen vom Menschen zu verfolgenden Wert, sondern als Nichtwert oder gar Unwert anzusehen. Insoweit kann das Menschenwohl auch als ein Annexwert des Menschenwerts bezeichnet werden. Dies entspricht auch der Natur des Menschen, nämlich seinem Streben nach Wohlbefinden. Jeder möchte Zeit seines Lebens zufrieden und glücklich sein. Der Dalai Lama stellt hierzu fest: »Je mehr ich von der Welt sehe, umso deutlicher wird mir, daß (sic) wir uns alle nach Glück sehnen und Leid vermeiden wollen (...). Es entspricht unserer Natur. Und darum braucht es keine Rechtfertigung.«[5]

Darüber hinaus ergibt sich der Wert des Menschenwohls auch aus dem Auftrag des Menschen, seinen Wert zu entfalten und alles hierfür Erforderliche und Zweckmäßige zu tun. Dazu zählt einmal die Aufgabe, für sein Wohl zu sorgen,[6] denn der Erfolg der Wertentfaltung hängt nicht unwesentlich vom Wohlbefinden des Einzelnen ab. Hierzu zählt aber auch die Aufgabe, über sein Ego hinauszuwachsen und im Rahmen seiner Fähigkeiten und Möglichkeiten auch das Wohl anderer zu fördern.[7] Für die Christen ergibt sich die Aufgabe, für das eigene Wohl und das Wohl der anderen zu sorgen, auch aus dem zentralen biblischen Gebot der Selbst- und Nächstenliebe: *Du sollst deinen Nächsten lieben wie dich selbst.*[8]

Abschließend lässt sich feststellen: Das Wohlbefinden gehört nach alledem zur Wertentfaltung des Menschen. Umgekehrt gehört aber auch die Wertentfaltung zum Wohlbefinden des Menschen, denn erst durch die Wertausrichtung erhält das Wohlbefinden seinen eigentlichen Wert. Beide Werte gehören also zusammen. Sie erhalten erst in ihrer Verbundenheit ihren vollen Wert als Leitziele der Selbstverwirklichung.

III. Folgerungen für die Selbstverwirklichung

Die Selbstverwirklichung muss beiden Seiten ihrer Leitziele gerecht werden, der psychologischen Seite genauso wie der ethischen. Es genügt also nicht, nur das zu verwirklichen, was man will und/oder kann oder was man soll. Bei der Selbstverwirklichung im hier verstandenen Sinne sind vielmehr sowohl das Sein, insbesondere das Wollen und Können, als auch das Sollen zu berücksichtigen. Individuelles Wollen und Können und generelles Sollen müssen somit im Einzelfall mithilfe von Vernunft, Gewissen und universellen Wertmaßstäben zur bestmöglichen Lösung verbunden werden.

Im Einzelnen ergeben sich aus der Wertigkeit des Menschen und seines Wohls für jeden folgende Aufgaben im Verhältnis zu sich selbst (dem Eigenbereich), im Verhältnis zum Mitmenschen (dem Nächstenbereich), im Verhältnis zur Gemeinschaft (dem Gemeinschaftsbereich) und im Verhältnis zur Umwelt (dem Umweltbereich):

- Im Eigenbereich hat jeder seinen Wert als Mensch und als Individuum zu erkennen, zu achten und in Ausübung seiner Vernunft-, Moral- und Selbstbestimmungsfähigkeit zu entfalten. Daneben hat er im Hinblick auf die Bedeutung des Wohlbefindens für seine Wertentfaltung auch für sein Wohl zu sorgen (Eigenwert- und Eigenwohlauftrag).

- Im Nächstenbereich hat er die Aufgabe, den Wert des Mitmenschen zu erkennen, zu achten und dessen Wohl in zumutbarer Weise zu fördern (Nächstenwert- und Nächstenwohlauftrag). Der Begriff des *Nächsten* wird hier und im weiteren Verlauf des Buches in Anlehnung an den Begriff der *Nächstenliebe* in einem weiten, jeden Mitmenschen umfassenden Sinn verstanden und nicht im Sinne eines besonders nahestehenden Menschen. Für die Aufgabe, den Wert jedes Mitmenschen zu achten - nicht jedoch zu entfalten, denn dies kann jeder nur für sich allein - spricht, dass alle Menschen in ihrem Menschsein gleichwertig und an Menschenrechten gleichberechtigt sind. Ein jeder kann seinen Wert nur dann ungestört entfalten, wenn auch jeder die Aufgabe hat, den Wert jedes anderen zu achten. Die Achtung im hier verstandenen Sinn besteht in einem Unterlassen und Dulden. Dem Mitmenschen soll kein Leid und Schaden zugefügt werden und seine Andersartigkeit im Sein, Wollen, Können und Tun soll geduldet werden, soweit dem nicht Rechte anderer entgegenstehen.

Aus der Wertigkeit jedes Mitmenschen und der Aufgabe, bei der Selbstverwirklichung über sein Ego hinauszugehen und zu einer altruistischen Lebensführung zu gelangen, folgt richtigerweise aber noch ein Weiteres für den Menschen: Er soll den Wert und das Wohl des Mitmenschen nicht nur passiv dulden, sondern in zumutbarer Weise – das heißt im Rahmen seiner Fähigkeiten und Möglichkeiten sowie unter Berücksichtigung seiner übrigen Aufgaben – auch aktiv fördern, zum Beispiel in Form von angemessenem Mitgefühl und verdienter Anerkennung.[9]

- Im Gemeinschaftsbereich soll jeder den Wert der Gemeinschaft erkennen und achten und deren Wohl in zumutbarer Weise fördern (Gemeinschaftswert- und Gemeinschaftswohlauftrag).

- Im Umweltbereich soll er den Wert der Umwelt erkennen und achten und deren Wohl in zumutbarer Weise fördern (Umweltwert- und Umweltwohlauftrag).

Die Aufgaben im Gemeinschafts- und Umweltbereich beziehen sich zwar unmittelbar auf die Gemeinschaft beziehungsweise Umwelt, mittelbar jedoch auch auf die Menschen, für die die Gemeinschaft und Umwelt da sind und deren Existenzgrundlage bilden; denn hinter jeder Gemeinschaft stehen Menschen, für die sie ihrem Zweck nach sorgt, und ohne Gemeinschaft und gewisse Umweltbedingungen können wir uns nicht frei entfalten.

Ohne Achtung des Wertes der Gemeinschaft und der Umwelt und ohne Förderung des Gemeinschaftswohls und des Umweltwohls wäre die Förderung des eigenen und des fremden Wohls höchst unvollständig und die Entfaltung des eigenen Wertes nur in stark eingeschränktem Umfang (im Extremfall gar nicht) möglich. Die Achtung der Gemeinschaft und Umwelt und die Förderung von deren Wohl beinhalten also mittelbar auch eine Achtung des Menschenwerts und die Förderung des Menschenwohls und gehören damit eigentlich schon zur Achtung des Eigenwerts und Nächstenwerts beziehungsweise zur Förderung des Eigenwohls und des Nächstenwohls. Wegen ihrer besonderen Bedeutung für die Menschen werden die Achtung und Förderung der Gemeinschaft und der Umwelt hier jedoch als eigenständige Aufgaben behandelt. Auf diese Weise soll vermieden werden, dass der Wert und das Wohl der Gemeinschaft und der Umwelt aus dem Blickfeld geraten, was bei ihrer Behandlung als bloßer Teil des Eigen- und Nächstenwerts oder des Eigen- und Nächstenwohls sehr leicht der Fall sein kann.

Zusammenfassend lässt sich feststellen, dass es bei der Selbstverwirklichung im hier verstandenen Sinne unmittelbar oder mittelbar stets um den Wert und das Wohl des Menschen geht. Jeder soll, was im zweiten Teil noch eingehend erläutert wird, seinen Wert erkennen, achten und entfalten und für sein Wohl sorgen. Jeder soll aber auch den Wert des Mitmenschen, der Gemeinschaft und der Umwelt erkennen und achten und deren Wohl in zumutbarer Weise fördern. Auf diese Weise soll – unabhängig von jeglicher Unterscheidung der Menschen nach Hautfarbe, Geschlecht, sozialer Stellung, kultureller, politischer oder religiöser Herkunft oder Überzeugung – der Gleichheit der Menschen an Wert und Menschenrechten und der Bedeutung der Gemeinschaft und Umwelt als ihrer Existenzgrundlage gebührend Rechnung getragen werden. Selbstverwirklichung in diesem Sinne hat also nichts mit rücksichtslosem Egoismus zu tun, sondern ist vielmehr eine Art Synthese von Egoismus und Altruismus aus individueller und sozialer Verantwortung.[10]

C. Praktische Bedeutung der Leitziele

Bedeutung für den Einzelnen

Die Leitziele sind für jeden Einzelnen bedeutsam, weil sie seinem natürlichen Streben nach Selbstentfaltung, Wohlbefinden und Gemeinschaft mit anderen Menschen entsprechen. Sie geben ihm das Recht auf Achtung und Förderung seines Werts und Wohls durch die anderen. Andererseits halten sie ihn dazu an, ein seinen geistigen, sittlichen und sozialen Fähigkeiten und Möglichkeiten entsprechend würdiges Leben zu führen, indem er seinen besonderen Wert erkennt, achtet und entfaltet und für sein Wohl sorgt und auch den Wert jedes Mitmenschen, der Gemeinschaft und der Umwelt erkennt und achtet und deren Wohl in zumutbarer Weise fördert.

Bedeutung für die Gemeinschaft

Auch für jede Gemeinschaft – angefangen bei der Partnerschaft über die Familie, die Formen der Interessengemeinschaften bis zur staatlichen und überstaatlichen Gemeinschaft – hat die Bestimmung des Menschenwerts und des Menschenwohls als Leitziele der Selbstverwirklichung eine große Bedeutung. Zum einen kommt es jeder Gemeinschaft vielfach zugute, wenn der Einzelne seinen besonderen Wert erkennt, achtet und entfaltet sowie für sein Wohl sorgt und außerdem den Wert des Mitmenschen, der Gemeinschaft und der Umwelt achtet und deren Wohl seinen Möglichkeiten entsprechend fördert. Zum anderen enthalten die Leitziele aber auch die Aufforderung an jede Gemeinschaft, ihrerseits den besonderen Wert jedes Menschen zu erkennen und zu achten und dessen Wohl im Rahmen ihrer Möglichkeiten zu fördern.

Die Leitziele für den Einzelnen sind also auch Leitziele für die Gemeinschaft. Dies gilt besonders für die staatliche Gemeinschaft und hier vor allem für die Bildungspolitik (Vorschul-, Schul-, Lehrer- und Erwachsenenbildung). Wir brauchen nicht nur eine *Kultur der Freiheit*, wie sie Di Fabio in seinem gleichnamigen Buch fordert, sondern vor allem eine Kultur der Menschenwürde, in der dem Wert und Wohl eines jeden Menschen eine herausragende Stellung zukommt.

Hieran zu arbeiten ist nicht nur Aufgabe jedes Einzelnen, sondern auch der Gesellschaft und damit der Politik. Erkenntnisse des Wissens und der Weisheit, die mühselig über Jahrtausende angesammelt wurden, müssen nicht von jedem immer wieder neu entdeckt werden.

Für die in unseren Ausbildungswegen vorgesehene Wissensvermittlung ist das selbstverständlich. Sie wird von Generation zu Generation von dafür ausgebildeten Lehrkräften in systematisch aufbereiteter Form geleistet.

Für die Vermittlung von Weisheit und Lebenskunst ist dies leider nicht der Fall. Hier lässt die Gesellschaft den Einzelnen weitgehend im Stich. Die Familie, so wichtig sie auch für die Persönlichkeitsbildung des Einzelnen ist, kann diese Aufgabe in der Regel nicht ausreichend erfüllen. Keiner käme auf die Idee, die Schulpflicht abzuschaffen und die herkömmliche Wissensvermittlung allein dem Elternhaus zu überlassen. Bei der Vermittlung von Lebenskunst sieht es dagegen anders aus. Der Staat versagt sich hier dem Einzelnen weitgehend. Ein Schulfach *Lebensweisheit* oder *Lebenskunst* gibt es nicht. Das Schulfach *Religion* streift diesen Bereich, hat aber letztlich eine andere Zielrichtung und differenziert je nach Glaubensvorstellung, statt zu verbinden. Ebenso kann in dem Schulfach *Philosophie* oder *Ethik*, soweit es überhaupt angeboten wird, wegen seines Umfangs und der hierfür vorgesehenen geringen Zeit nicht genügend spezifiziert auf diese Thematik eingegangen werden. Solange das so bleibt, geht es in der Politik nicht um Ursachenbehandlung, sondern um die viel kostenintensivere und oft unzulängliche Symptombehandlung, wie zum Beispiel in der Arbeits-, Sozial-, Sicherheits- und Kriminalpolitik.

Wir brauchen Menschen, die sich ihres Werts und des Werts jedes anderen Menschen sowie des Werts der Gemeinschaft und der Umwelt bewusst sind und sich eigenverantwortlich für ihr Wohl und das Wohl der Mitmenschen, der Gemeinschaft und der Umwelt einsetzen. Hierfür müssen wir an der Wurzel, also bei der Jugend, anfangen und ihr das über Jahrtausende angesammelte Wissen an Lebenskunst und Weisheit systematisch aufbereitet durch hierfür ausgebildete Fachkräfte vermitteln, dieses Wissen ständig verbessern und weiterentwickeln und wie bei der herkömmlichen Wissensvermittlung von Generation zu Generation weitergeben. Dies ist eine grundlegende Aufgabe der staatlichen Gemeinschaft, die sich aus ihrer allgemeinen Achtungs- und Förderungspflicht gegenüber den Menschen ergibt.

Bedeutung für die multikulturelle Gesellschaft

Die große praktische Bedeutung des Menschenwerts und des Menschenwohls als Leitziele der Selbstverwirklichung zeigt sich schließlich auch im Hinblick auf die Globalisierung und das damit verbundene Phänomen der *multikulturellen Gesellschaft*.

Die multikulturelle Gesellschaft braucht eine Wertebasis, die unabhängig von den kulturellen und religiösen Unterschieden der zu ihr gehörenden gesellschaftlichen Gruppen ist und von allen redlich denkenden Mitgliedern der Gesellschaft auch angenommen werden kann. Als solcher, die berechtigten Interessen jedes Einzelnen als auch der Gesellschaft berücksichtigender Maßstab bietet sich vor allem der Gesichtspunkt der Gleichheit aller Menschen an Wert und Rechten an – Gleichwertigkeit im Menschsein und Gleichberechtigung an Menschenrechten – mit dem sich daraus ergebenden Gebot der Achtung und Förderung des Wertes und Wohles jedes Menschen.

Schenkt jeder sowohl dem eigenen Wert und Wohl als auch dem Wert und Wohl jedes Mitmenschen die gebotene Achtung und Förderung, so ist dies ein hervorragendes Mittel für die Selbstentfaltung und Steigerung des Eigenwohls und für die Förderung des sozialen Friedens. Es ist damit zugleich das beste Mittel gegen einen Mangel an Selbstwertgefühl und Eigenverantwortung, gegen ein Defizit an Gemeinschaftssinn und Sozialverantwortlichkeit und auch gegen Intoleranz, Rassismus, Fanatismus, Terrorismus, Unterdrückung, Krieg, Ausbeutung und soziale Gleichgültigkeit. Der Dalai Lama fordert deshalb:»Was wir heute brauchen, ist eine ethische Grundlage, die sich nicht auf Glaubenssysteme bezieht und daher sowohl für religiöse als auch für nichtreligiöse Menschen annehmbar ist: eine säkulare Ethik.«[11] An einer anderen Stelle nennt er diese Ethik, die über alle religiösen und kulturellen Eigenheiten hinaus geht, auf universellen menschlichen Prinzipien beruht und in der sich alle Menschen wiederfinden können, eine»humanistische Ethik.«[12] Will man noch stärker auf den Inhalt dieser Ethik abstellen, so könnte man sie auch als *Ethik der Menschenwürde*[13] oder *Ethik des Menschenwerts und Menschenwohls* bezeichnen.

In die gleiche Richtung wie die Forderung des Dalai Lama gehen die Ausführungen von Huber zu dem Verhältnis von Ethik und Politik. Danach hat der Staat die Aufgabe, unterschiedlichen religiösen und weltanschaulichen Positionen seiner Bürger gerecht zu werden, was jedoch nur möglich ist, wenn die verschiedenen Positionen einen gemeinsamen Bezugspunkt haben. Als diesen zentralen Wert, so stellt Huber fest, würden mit wachsender Deutlichkeit die allen Menschen zukommende Menschenwürde und die aus ihr folgende Gleichheit der Verschiedenen anerkannt.[14]

Zusammenfassend lässt sich feststellen, dass sich der Wert und das damit eng verbundene Wohl des Menschen wegen ihrer großen praktischen Bedeutung für den Einzelnen, die Gemeinschaft und die multikulturelle Gesellschaft sehr gut als Leitziele der Selbstverwirklichung eignen.[15]

D. Zugrunde liegendes Menschenbild

Den beiden Leitzielen liegt ein Menschenbild zugrunde, das man als ein *humanistisches Menschenbild* bezeichnen kann.

Charakteristisch für dieses Menschenbild ist der Vorrang des Menschen. Im Zentrum der Betrachtung steht der Mensch mit seinem Wert und Wohl. Dies ist der Gegenstand und das Ziel der Selbstverwirklichung. Hierzu gehören der eigene Wert und das eigene Wohl, aber auch der Wert und das Wohl jedes Mitmenschen und wegen ihrer Bedeutung für die Menschen auch der Wert und das Wohl der Gemeinschaft und Umwelt. Die Selbstverwirklichung soll also dem Menschen und der Menschheit in umfassender Weise dienen. Das Leben wird hierbei nicht nur als ein Recht, sondern auch als eine Aufgabe, die der Mensch erfüllen soll, angesehen.[16] Die Freiheit des Einzelnen findet beim humanistischen Menschenbild seine immanente Grenze im Wert und der Freiheit jedes anderen.

Dieses Menschenbild unterscheidet sich wesentlich von einem individualistischen und einem sozialistischen Menschenbild. Beim individualistischen (oder egozentrischen) Menschenbild steht das *Ich* mit seinem Wert und Wohl im Zentrum der Betrachtung. Ziel und Gegenstand der Selbstverwirklichung sind der Eigenwert und das Eigenwohl des Einzelnen. Der Wert und das Wohl des Mitmenschen sowie der Gemeinschaft und Umwelt werden hier nur in dem engen Rahmen beachtet, in dem der Einzelne dies zu seinem eigenen Nutzen für opportun oder notwendig hält. Beim sozialistischen (oder soziozentrischen) Menschenbild hat nicht jeder Mensch oder das einzelne Individuum, sondern die *Gemeinschaft* Vorrang. Im Zentrum steht das Kollektiv mit seinen Interessen und Bedürfnissen, zum Beispiel die Familie, die Kultur- oder Religionsgemeinschaft, der Stamm, der Staat oder die Nation. Die Gemeinschaft gibt dem Einzelnen in Form von Traditionen, Normen und Gesetzen wesentliche Ziele für seine Lebensgestaltung vor (zum Teil auch hinsichtlich der Wahl des Berufs und Ehepartners oder der Zahl und Erziehung der Kinder) und überwacht deren Einhaltung über ein differenziertes Sanktionssystem bis hin zum Ausschluss aus der Gemeinschaft. Gegenstand und Ziel der Selbstverwirklichung sind der Wert und das Wohl der Gemeinschaft. Die Selbstverwirklichung steht im Dienst der Gemeinschaft. Grund für die Begrenzung der individuellen Freiheit ist nicht der Schutz der individuellen Freiheit der anderen, sondern die Sicherung der Interessen der Gemeinschaft. Das Gemeinwohl geht dem Eigenwohl vor.[17]

Zweiter Teil: AUFGABEN

Im vorhergehenden Teil wurden der Wert und das Wohl des Menschen als die wesentlichen Leitziele der Selbstverwirklichung herausgestellt. Zugleich wurde auf die sich hieraus ergebenden Aufgaben des Menschen hingewiesen: Er soll seinen Wert erkennen, achten, entfalten und für sein Wohl sorgen (Eigenwert- und Eigenwohlauftrag). Er soll weiter den Wert des Mitmenschen erkennen und achten und dessen Wohl in zumutbarer Weise fördern (Nächstenwert- und Nächstenwohlauftrag). Er soll ferner den Wert der Gemeinschaft erkennen und achten und deren Wohl in zumutbarer Weise fördern (Gemeinschaftswert- und Gemeinschaftswohlauftrag). Er soll letztlich den Wert der Umwelt erkennen und achten und deren Wohl in zumutbarer Weise fördern (Umweltwert- und Umweltwohlauftrag).

Diese vier Aufgaben der Selbstverwirklichung sind die großen Aufgaben, die das Leben uns stellt. Sie werden im Folgenden eingehend beschrieben. Im Anschluss hieran folgt eine Zusammenschau der Aufgaben, in der Zusammenhänge und Abstimmungsprobleme zwischen ihnen aufgezeigt werden.

A. Eigenwert- und Eigenwohlauftrag

I. Eigenwertauftrag: Seinen Wert erkennen, achten und entfalten

1. Aspekte des Eigenwerts

Jeder von uns unterscheidet sich in seinem Sein und Wert wesentlich von den Tieren und von den anderen Menschen. Er ist aufgrund seines Menschseins ein Humanwesen, aufgrund seiner Individualität ein Individualwesen, aufgrund seiner Spiritualität ein Spiritualwesen und aufgrund seiner Sozialität ein Sozialwesen. Jedem dieser Seinsaspekte entspricht ein Wertaspekt. Als Humanwesen hat jeder einen Humanwert, als Individualwesen einen Individualwert, als Spiritualwesen einen Spiritualwert und als Sozialwesen einen Sozialwert.

Der Humanwert ist der Wert, der generell jedem Menschen aufgrund seines Menschseins zusteht.

Der Individualwert ist der individuell-konkrete Wert des Einzelnen, den kein anderer Mensch aufweist. Humanwert und Individualwert beziehen sich also auf verschiedene Gegenstände.

Der Spiritualwert und der Sozialwert sind inhaltlich besonders wichtige Wertaspekte des Menschen, durch die sich jeder generell von den Tieren und hinsichtlich der konkreten Art und Ausprägung dieser Werte individuell von den anderen Menschen unterscheidet. Sie betreffen sowohl den generellen Wert jedes Menschen, also seinen Humanwert, als auch den individuell-konkreten Wert des einzelnen Menschen, seinen Individualwert.

Im Folgenden werden die einzelnen Wertaspekte erläutert, bevor anschließend auf die Frage eingegangen wird, wie man seinen Wert erkennt, achtet und entfaltet.

a) Wert als Mensch: Humanwert

Der Humanwert des Menschen ist der Grundwert, der jedem Menschen aufgrund seines Menschseins zukommt. Drei Merkmale kennzeichnen den Humanwert des Menschen: die Würde des Menschen, die damit verbundenen Menschenrechte und die damit verbundenen Menschenpflichten.

Menschenwürde

Die Würde des Menschen im Sinne der nach dem Zweiten Weltkrieg verfassten internationalen Menschenrechtserklärungen und staatlichen Verfassungen[18] ist der besondere Wert des Menschen, der ihn von allen nicht menschlichen Lebewesen unterscheidet. Er beruht allein auf dem Menschsein jeder Person und ist somit unabhängig von allen möglichen Unterscheidungen der Menschen, wie zum Beispiel nach Rasse, Geschlecht, Herkunft, Religion, Weltanschauung, sozialer Stellung, individueller Eigenschaften und Leistungen. Er ist unveräußerlich und unaufhebbar mit dem Status des Menschseins verbunden. Er kann deshalb auch als ein gleichbleibender *Substanzwert* oder eine *Substanzwürde*, im Gegensatz zu einem der Änderung unterliegenden *Leistungswert* oder einer *Leistungswürde*, bezeichnet werden.

Im Einzelnen beruht dieser besondere Wert des Menschen und damit seine Würde auf der wertmäßigen Sonderstellung des Menschen.[19] Wie bei der Erörterung der ethischen Seite der Leitziele der Selbstverwirklichung unter *B II* des ersten Teils festgestellt, hebt sich der Mensch besonders durch seine Vernunft- und Moralfähigkeit und sein Vermögen zur freien Selbstbestimmung von den übrigen Lebewesen ab. Diese Fähigkeiten geben ihm die Möglichkeit, über das Tierisch-Triebhafte und Tierisch-Egoistische hinauszuwachsen und zu einer geistig-sittlichen und auch altruistischen Lebensführung zu gelangen. Der Mensch ist in der Lage, rational zu denken, sein Leben zu planen und sich dabei von der Einsicht in rationale Gründe und nicht durch irrationale Gründe leiten zu lassen. Er ist aufgrund seiner Vernunft und seines Gewissens befähigt, das Gute zu erkennen und zu wollen. Er ist schließlich ein Wesen, dem Willens- und Handlungsfreiheit und damit die Fähigkeit zur Selbstbestimmung zugeschrieben wird.

Der enge Zusammenhang zwischen der Würde des Menschen und seiner Vernunft-, Moral- und Selbstbestimmungsfähigkeit zeigt sich auch in Artikel 1 der *Allgemeine(n) Erklärung der Menschenrechte* (AEMR) und in der Rechtsprechung des Bundesverfassungsgerichts zu Artikel 1 des Grundgesetzes. In Artikel 1 AEMR heißt es: »Alle Menschen sind frei und gleich an Würde und Rechten geboren. Sie sind mit Vernunft und Gewissen begabt (...).« Das Bundesverfassungsgericht führt zur Begründung der Menschenwürde aus: »Der Menschenwürde liegt die Vorstellung vom Menschen als einem geistig-sittlichen Wesen zugrunde, das darauf angelegt ist, in Freiheit sich selbst zu bestimmen und zu entfalten. Diese Freiheit versteht das Grundgesetz nicht als diejenige eines isolierten und selbstherrlichen, sondern als die eines gemeinschaftsbezogenen und gemeinschaftsgebundenen Individuums.«[20]

Der besondere Wert des Menschen, der seine Würde ausmacht, steht jedem Menschen aufgrund seines Menschseins zu. Auch der geistig und körperlich Schwerstbehinderte besitzt diesen Wert, auch wenn ihm die Fähigkeit zur rationalen und sittlichen Selbstbestimmung aufgrund seiner Behinderung fehlen sollte. Auch er hat eine Menschenwürde, die nach den Kulturvorstellungen der westlichen Welt zum Beispiel jede Art von Folter oder Euthanasie im Sinne der *Vernichtung unwerten Lebens* verbietet. Ebenso hat auch der Mörder eine Würde und den daraus folgenden Anspruch auf Einhaltung eines menschenwürdigen, rechtsstaatlichen Grundsätzen entsprechenden Verfahrens. Diese Auffassung schlägt sich auch in der Rechtsprechung des Bundesverfassungsgerichts nieder. Nach ihr ist das menschliche Leben, also das Menschsein, die vitale Basis der Menschenwürde als oberster Verfassungswert des deutschen Grundgesetzes. Das Gericht führt hierzu aus:»Jeder Mensch besitzt als Person diese Würde, ohne Rücksicht auf seine Eigenschaften, seinen körperlichen oder geistigen Zustand, seine Leistungen und seinen sozialen Status. Sie kann keinem Menschen genommen werden.« Weiter heißt es in der gleichen Entscheidung,»dass es nach der Vorstellung des Grundgesetzgebers zum Wesen des Menschen gehört, in Freiheit sich selbst zu bestimmen und sich frei zu entfalten.«[21]

Menschenrechte

Zwischen der Würde des Menschen aufgrund seines Menschseins und den Menschenrechten besteht ein enger Zusammenhang. Wem Menschenwürde zusteht, hat auch Menschenrechte. Sie stehen jedem Menschen von Natur aus zu und können deshalb vom Staat nicht aufgehoben werden.[22] So heißt es beispielsweise in Artikel 1 Absatz 2 des Grundgesetzes im Anschluss an die Feststellung, dass die Würde des Menschen unantastbar und vom Staat zu achten und zu schützen ist:»Das Deutsche Volk bekennt sich darum zu unverletzlichen und unveräußerlichen Menschenrechten (...).« Und nach Artikel 1 der *Allgemeine(n) Erklärung der Menschenrechte* sind alle Menschen frei und gleich an Würde und Rechten geboren. So wie die Menschenwürde sind auch die Menschenrechte unabhängig von der Nationalität, Religion, Herkunft, Eigenschaften, Fähigkeiten, Leistungen und sonstigen Unterscheidungsmöglichkeiten des Menschen.

Zu den Menschenrechten gehören Abwehrrechte, Verfahrensrechte und (seltener) Leistungsrechte. Die Abwehrrechte dienen der Sicherung der individuellen Freiheit. Zu ihnen zählen insbesondere das Recht auf Leben und körperliche Unversehrtheit, das Recht auf freie Entfaltung der Persönlichkeit, die Glaubens- und Gewissensfreiheit, die Meinungs- und Informationsfreiheit, das Recht auf Gleichheit vor dem Gesetz und das Recht auf Eigentum. Zu den Verfahrensrechten gehören unter anderem das Recht auf Rechtsschutz gegen Verletzungen durch die öffentliche Gewalt und das Recht auf den gesetzlichen Richter und auf rechtliches Gehör.[23] Was zu einem menschenwürdigen Leben gehört mit der Folge, dass dem Einzelnen hieraus ein Leistungsrecht gegenüber dem Staat erwächst, hängt wesentlich von der Leistungsfähigkeit und Leistungswilligkeit der staatlichen Gemeinschaft ab. Die *Allgemeine Erklärung der Menschenrechte* führt hier, allerdings ohne völkerrechtlich verbindlichen Charakter, soziale und kulturelle Grundrechte auf, wie das Recht auf Arbeit und gleichen Lohn bei gleicher Arbeit sowie das Recht auf Bildung. Das Bundesverfassungsgericht hat aus dem Grundrecht der Menschenwürde in Verbindung mit dem Sozialstaatsprinzip die Verpflichtung des Staates auf Gewährung eines vom Gesetzgeber zu konkretisierenden sozialen und wirtschaftlichen Existenzminimums abgeleitet.[24]

Menschenpflichten

Aus der Würde des Menschen ergeben sich nicht nur Menschenrechte, sondern auch Menschenpflichten.[25]

Die Ausführungen zur ethischen Seite der Leitziele der Selbstverwirklichung haben gezeigt, dass die wertmäßige Sonderstellung des Menschen die Aufforderung an den Menschen enthält, sich menschenwürdig zu verhalten. Der Mensch soll seine Vernunft-, Moral- und Selbstbestimmungsfähigkeit als Wert erkennen und anwenden, um in Abwendung von einer tierisch-egoistischen Lebensführung zu einer möglichst weitgehenden Entfaltung seines Individual-, Spiritual- und Sozialwerts zu gelangen. Dies ist jedoch vernünftigerweise nur dann möglich, wenn jeder auch die Pflicht hat, die Würde und Menschenrechte jedes anderen – insbesondere dessen Recht auf Leben, körperliche Unversehrtheit und freie Selbstbestimmung und Selbstentfaltung – zu respektieren.

Zum Menschsein gehören nach alledem nicht nur Rechte, sondern auch ethische und rechtliche Pflichten, nicht nur das Recht auf Selbstbestimmung und Selbstentfaltung in Freiheit und Gleichheit, sondern auch die Pflicht, seine Rechte in Anwendung seiner Vernunft-, Moral- und Selbstbestimmungsfähigkeit auszuüben und die betreffenden Rechte der anderen zu respektieren. So gesehen kann die Würde des Einzelnen nicht nur als eine unveränderbare, jedem Menschen zustehende Substanzwürde, sondern auch als eine von der konkreten Art und Anwendung der Eigenschaften und Fähigkeiten des Einzelnen abhängige und somit veränderliche Leistungswürde betrachtet werden.

b) Wert als Individuum: Individualwert
Während der Humanwert von der Gleichheit der Menschen in ihrem Menschsein ausgeht, basiert der Individualwert auf der Verschiedenheit der Menschen. Jeder Mensch ist ein Individuum und als solches in seinem Sein, Denken, Fühlen, Wollen, Glauben und Tun sowie den Lebensbedingungen, die ihn jeweils umgeben und auf ihn einwirken, etwas Einzigartiges gegenüber allen anderen Menschen. Es gibt keinen Einheitsmenschen oder Durchschnittsmenschen. Es gibt letztlich nur Unikate unter den Menschen. Diese Einmaligkeit jedes Menschen, die sich in seiner Individualität zeigt, macht den Wert des Menschen als Individuum aus. Aufgabe der Selbstbestimmung des Menschen als Individualwesen ist es, seine Individualität zu erkennen, zu achten und zu entfalten. Jeder soll mit anderen Worten in seinem Denken und Handeln authentisch sein, so sein, wie er wirklich ist. Kennzeichen seiner Indivi-

dualität sind insbesondere seine individuellen Ziele (die seiner Individualität entsprechen), sein individuelles Potenzial für die Entfaltung dieser Ziele und die Anwendung dieses Potenzials. Die Ziele, die er hierbei verfolgen soll, beruhen auf seinen Neigungen, Fähigkeiten, Bedürfnissen, Interessen und Überzeugungen. Zu dem Potenzial, das ihm bei der Zielverfolgung zur Verfügung steht, gehören vor allem seine körperlichen und geistig-seelischen Kräfte, wie seine Anlagen, Talente, Kenntnisse und Erfahrungen.

c) Wert als geistiges Wesen: Spiritualwert

Der Mensch ist ein geistiges Wesen, das sich wertmäßig durch seinen Spiritualwert generell von den Tieren und hinsichtlich der Art und Ausprägung dieses Werts individuell von den anderen Menschen unterscheidet.

Der Spiritualwert des Menschen im hier verstandenen Sinne besteht in seinem Vermögen, mithilfe von Vernunft und Gewissen über das Körperliche, Triebhafte, Tierische in ihm (seinen materiellen Unterbau) hinaus zum Spirituellen (dem geistigen und sittlichen Überbau) zu gelangen.[26] Die Spiritualität jedes Menschen als geistiges Wesen zeigt sich im Wesentlichen in seinen Zielen und seinem Tun im Wissens-, Kultur-, Wert- und Sinnbereich sowie seinem geistigen Potenzial. Aufgabe der Selbstbestimmung des Menschen als Spiritualwesen ist somit, seine Ziele im Wissens-, Kultur-, Wert- und Sinnbereich mithilfe seines geistigen Potenzials zu erkennen, zu achten und zu entfalten.

Ziele im Wissensbereich

Jeder muss für sich klären, welche Ziele er im Wissensbereich verfolgen will, das heißt vor allem, welche Kenntnisse und Erfahrungen er erwerben und anwenden will. Der Wissensbereich erstreckt sich von der Information über die Bildung in Form der Aus- und

Weiterbildung bis hin zur Wissenschaft und Praxis. Hier geht es vornehmlich um Wahrheitsziele.

Ziele im Kulturbereich

Jeder muss sich weiter fragen, welche Ziele er im Kulturbereich verfolgen will. Zur Abgrenzung gegenüber dem Wissensbereich wird der Begriff der *Kultur* hier in einem engen, vor allem die Kunst umfassenden Sinne verstanden. Zum Kulturbereich gehören danach insbesondere die Bereiche der Sprache und Literatur, der Musik, Malerei, Bildhauerei, Architektur, des Schauspiels und des Films. Hierzu zählen im weiteren Sinne auch der Tanz und Sport sowie der gesamte Bereich der Freizeithobbys als Ausdrucksformen menschlicher Kreativität. Im Kulturbereich geht es insbesondere um die Grundwerte des Wahren, Guten und Schönen. Der Kulturbereich erfasst sowohl die Kulturschöpfung als auch deren Nutzung durch den Konsumenten.

Ziele im Wertbereich

Im Wertbereich geht es darum, Werte zu erkennen und anzuwenden. Der Wertbereich knüpft an die Moralfähigkeit des Menschen an, seine Fähigkeit, moralische Werte zu erkennen und sein Denken und Handeln an diesen auszurichten.[27] Werte im hier verstandenen Sinne beschreiben Zustände, Einstellungen oder Verhaltensweisen, die allgemein als sittlich wertvoll anerkannt werden und deshalb als Maßstab für gutes Verhalten dienen können, wie beispielsweise Freiheit, Verantwortlichkeit, Frieden, Toleranz und Menschenliebe.[28] Der Wertbereich betrifft das Sollen:
- Wie soll ich mich verhalten?
- Was ist gut und was ist schlecht?
- Was ist richtig und was ist falsch?

Mit diesen Wertfragen beschäftigen sich die Moral und die Ethik.[29]

Für jeden stellen sich im Wertbereich vor allem zwei Fragen:

Die erste Frage lautet: Wie soll ich mich gegenüber den anderen und der Gemeinschaft verhalten? Welche Werte und Regeln sind von mir zu beachten, um ein menschenwürdiges, dem Wert und Wohl jedes Menschen gerecht werdendes menschliches Zusammenleben zu ermöglichen? Ziel ist das Gelingen des gesellschaftlichen Lebens. Es geht um die für die Lebensorientierung grundlegenden Werte und Regeln, die für alle Menschen im gleichen Maße gelten (müssen) und deshalb für jeden Menschen bedeutsam sind.[30] Sie müssen erkannt, verwirklicht und im Kollisionsfall gegeneinander abgewogen werden.

Die zweite Frage lautet: Wie will ich mein Leben führen? Was schulde ich nur mir selbst, um mein Leben als ein gutes, erfülltes, sinnvolles Leben werten zu können?[31] Hier geht es um den höchstpersönlichen Lebensbereich des Einzelnen, um seine Reflexion über die Frage nach den Anforderungen an ein gutes, erfülltes Leben für sich. Der Einzelne hat hier unter grundsätzlicher Beachtung der für ein menschenwürdiges gesellschaftliches Leben erforderlichen Werte und Regeln eine unübersehbare Vielzahl von Möglichkeiten für die Gestaltung seines guten Lebens. Welche Wahl er trifft, hängt von seiner Individualität und den konkreten Umweltbedingungen ab. Auf das hierbei anzuwendende Auswahlverfahren wird später im Zusammenhang mit den Ausführungen zur Aufstellung eines Gesamtplans der Selbstverwirklichung eingegangen.

Ziele im Sinnbereich

Im Sinnbereich geht es um die Sinnsuche und Sinnerfüllung. Es ist ein Verdienst von Viktor Frankl (mit der von ihm begründeten, auf Hilfe zur Sinnfindung gerichteten Psychotherapie, die er *Logotherapie und Existenzanalyse* genannt hat), die Bedeutung der geistigen Ebene des Menschen neben der physischen und psychischen Ebene hervorgehoben zu haben und hierbei insbesondere das Bedürfnis des Menschen nach Sinn und Sinnerfüllung und sein Verantwortlichsein für Sinnerfüllung im Leben.

Der *Wille zum Sinn*, wie Frankl das Sinnbedürfnis nennt,[32] dürfte eine der Eigenschaften des Menschen sein, die ihn am meisten von den übrigen Lebewesen unterscheiden. Der Mensch braucht den Sinn. Er will ein bedeutungsvolles, sinnvolles, kein sinnloses Leben führen. Es ist der Sinn, der seinem Denken und Handeln die nötige Zielrichtung und Antriebskraft verleiht.

Neben dem Willen zum Sinn gehört nach Frankl zum Menschsein auch das Verantwortlichsein für die Erfüllung von Sinn.[33] Frankl unterscheidet drei große Sinnmöglichkeiten, Wege der Sinnfindung, die des Menschen würdig sind: die Hingabe an eine Sachaufgabe, die Liebe zu einem Menschen und das würdevolle Ertragen von unabänderlichem Leid.[34] Das Leben ist demnach dann mit Sinn erfüllt, wenn es gefüllt ist mit Hingabe an wertvolle Aufgaben, mit Güte und Liebe und mit Tapferkeit und Würde im Leid. »Je mehr er sich selbst vergisst, indem er sich hingibt einer Sache oder anderen Menschen, desto mehr ist er Mensch, desto mehr verwirklicht er sich selbst.«[35] Wir müssen uns unserem Schicksal stellen, egal wie es sein mag, indem wir handeln, es gestalten und, falls dies nicht möglich ist, indem wir die rechte Haltung einnehmen.[36] Dies gilt nach Frankl auch im Hinblick auf unabänderliches Leid. »Wo wir eine Situation nicht ändern können (...) ist uns abverlangt, uns selbst zu ändern, nämlich zu reifen, zu wachsen, über uns selbst hinauszuwachsen.«[37] »Es gibt keine Lebenssituation, die wirklich sinnlos wäre. Dies ist darauf zurückzuführen, daß (sic) (...) Leid, Schuld und Tod (...) auch in etwas Positives, in eine Leistung gestaltet werden können, wenn ihnen nur mit der rechten Haltung und Einstellung begegnet wird.«[38]Die Bedeutung dieser Worte kann man nur annähernd ermessen, wenn man weiß, dass Frankl über zwei Jahre in verschiedenen Konzentrationslagern unter den unmenschlichsten Bedingungen und in ständiger Todesgefahr verbringen musste.

Wir müssen uns also die Frage nach dem Sinn des Lebens stellen oder uns fragen, welchen Sinn wir unserem Leben geben wollen. Es geht um die berühmten Königsfragen:

* Warum bin ich hier?
* Was ist der Sinn meines Lebens?
* Was möchte ich im Leben erreichen, um am Ende meiner Tage auf ein erfülltes, sinnvolles Leben zurückblicken zu können?

Die Antworten hierauf werden naturgemäß sehr unterschiedlich ausfallen. Für die einen ist es, wie Küng es nennt, der *kleine Sinn* des Lebens.[39] Dieser kann beispielsweise in Arbeit und Erfolg, in Familie und Freundschaft, im Dienst für die Mitmenschen und die Gemeinschaft, in der Natur oder Kultur, im kleinen persönlichen Beitrag für die Verbesserung unserer Welt oder in besonderen Erlebnissen, zum Beispiel Reisen bestehen. Für andere, wie zum Beispiel die wahrhaft Gläubigen, ist es, wie Küng es formuliert, der *große Sinn* des Lebens[40], der sich nicht auf einzelne Lebensbereiche beschränkt, sondern das große Ganze von Mensch, Tier und Welt, Freud und Leid, Gut und Böse, Leben und Sterben, Diesseits und Jenseits umfasst und versucht, alles in einen einheitlichen, in sich schlüssigen Sinnzusammenhang zu stellen. Glauben in diesem Sinne ist die Überzeugung vom höheren Sinn in allem, auch wenn er uns nicht erkennbar ist.[41]

Geistiges Potenzial

Das geistige Potenzial des Menschen besteht in seinen geistigen, kulturellen und moralischen Neigungen, Fähigkeiten und Interessen, sich mit Gegenständen des Wissens-, Kultur-, Wert- und Sinnbereichs zu beschäftigen, sich zu informieren, in Theorie und Praxis zu bilden und zu arbeiten, sich auf dem weiten Gebiet der Kultur aktiv als Kulturschaffender oder passiv als Kulturkonsument zu betätigen und sein Denken und Handeln an übergeordneten Werten auszurichten, insbesondere Werte zu verwirklichen und Sinn zu erfüllen.

d) Wert als soziales Wesen: Sozialwert

Der Mensch ist nicht nur ein Individual- und Spiritualwesen, sondern auch ein Sozialwesen, das sich wertmäßig durch seinen Sozialwert generell von den Tieren und hinsichtlich der Art und Ausprägung dieses Wertes individuell von den anderen Menschen unterscheidet. Der Sozialwert des Menschen im hier verstandenen Sinne besteht in seinem Vermögen, bewusst – also nicht bloß tierhaft instinktiv – über sein Ego mit seinen Eigeninteressen hinauszugehen und altruistische Ziele zu verfolgen. Altruistische Ziele sind solche, bei denen es um die Achtung des Werts des Mitmenschen beziehungsweise der Gemeinschaft und um die Förderung von deren Wohl geht. Für die Entfaltung des Sozialwerts des einzelnen Menschen als einem Ziel der Selbstverwirklichung ist zweierlei bedeutsam: seine altruistischen Ziele und sein soziales Potenzial für die Verfolgung dieser Ziele.

Altruistische Ziele

Jeder muss sich fragen, welche altruistischen Ziele er im zwischenmenschlichen und gemeinschaftlichen Bereich verfolgen will. Im zwischenmenschlichen Bereich geht es darum, den Wert des einzelnen Mitmenschen zu erkennen und zu achten und dessen Wohl zu fördern. Im gemeinschaftlichen Bereich geht es darum, den Wert der einzelnen Gemeinschaft zu erkennen, zu achten und deren Wohl zu fördern. Die Aufgabe der Entfaltung des Sozialwerts ist somit identisch mit zwei noch zu behandelnden Aufgaben des Menschen, nämlich dem Nächstenwert- und Nächstenwohlauftrag und dem Gemeinschaftswert- und Gemeinschaftswohlauftrag. Insoweit wird auf die betreffenden Ausführungen unter *B* und *C* dieses zweiten Teils verwiesen.

Soziales Potenzial
Das soziale Potenzial des Menschen besteht in seinen Kräften und Fähigkeiten, den Wert der Mitmenschen und der Gemeinschaft zu erkennen, zu achten und deren Wohl zu fördern. Bedeutsame soziale Kompetenzen für den zwischenmenschlichen Bereich sind zum Beispiel Beobachtungsgabe, Einfühlungsvermögen, Verständnis, Mitgefühl, Menschenkenntnis und Kommunikations- und Kooperationsfähigkeit. Im Übrigen wird auf die entsprechenden Ausführungen zum Nächstenwert- und Nächstenwohlauftrag sowie zum Gemeinschaftswert- und Gemeinschaftswohlauftrag verwiesen.

e) Ergebnis
Je nachdem, unter welchem Gesichtspunkt man den Menschen würdigt, zeigt er einen anderen Wertaspekt. Als Humanwesen im Sinne von Menschsein hat er einen Humanwert, als Individualwesen einen Individualwert, als Spiritualwesen einen Spiritualwert und als Sozialwesen einen Sozialwert.

Zum Humanwert des Menschen gehören seine Menschenwürde und die damit verbundenen Menschenrechte und Menschenpflichten. Der Individualwert des Menschen besteht in seiner Individualität (seinen individuellen Zielen und deren Verwirklichung sowie seinem individuellen Potenzial), sein Spiritualwert in seiner Spiritualität (seine Ziele im Wissens-, Kultur-, Wert- und Sinnbereich und deren Realisierung sowie sein geistiges Potenzial), sein Sozialwert schließlich in seiner Sozialität (seine altruistischen Ziele und deren Umsetzung im zwischenmenschlichen und gemeinschaftlichen Bereich sowie sein soziales Potenzial).

Der Humanwert steht allen Menschen in gleichem Maße zu und fordert jeden von uns zur Selbstbestimmung auf. Die übrigen Wertaspekte konkretisieren diese Aufforderung in individueller, geistiger und sozialer Hinsicht. Als Individuum soll jeder seine Individualität, als geistiges Wesen seine Spiritualität und als soziales Wesen seine Sozialität erkennen, achten und entfalten. Individualität, Spiritualität und Sozialität sind variable Werte, die stark von den geistigen und sozialen Zielen und Kräften des Einzelnen und deren Einsatz abhängen. Sie variieren nicht nur von Mensch zu Mensch, sondern auch beim einzelnen Menschen selbst während seiner gesamten Lebenszeit.

Beim Eigenwertauftrag geht es nun für jeden darum, seinen Human-, Individual-, Spiritual- und Sozialwert zu erkennen, zu achten und zu entfalten.

2. Erkennen

Voraussetzung für die Selbstverwirklichung ist zunächst einmal, dass man sich und seinen Wert erkennt. Drei große Fragen stellen sich hier für jeden:

- Wer bin ich?
- Was kann ich?
- Was will ich?

Bezüglich der ersten Frage gilt es, sich seinen Wert als Humanwesen und seine Einmaligkeit als Individual-, Spiritual- und Sozialwesen bewusst zu machen. Hierzu gehört auch ein Blick auf seine verschiedenen Rollen im Leben – zum Beispiel als Kind, Partner, Eltern- und Geschwisterteil, als sonstiger Familienangehöriger, als Freund, Kollege, Erwerbstätiger, Staatsangehöriger oder Mitglied einer sonstigen Gemeinschaft – und auf seine Vergangenheit mit ihren positiven und negativen Aspekten und ihrer Bedeutung für die Gegenwart.

Hinsichtlich der zweiten Frage nach dem individuellen Können gilt es, sich sein körperliches, geistig-seelisches und soziales Potenzial in Form von Anlagen, Eigenschaften, Fähigkeiten, Wissen und Erfahrung vor Augen zu führen. Was kann ich und was kann ich nicht? Was habe ich bisher erreicht? Wo liegen meine Stärken, Talente und Fähigkeiten? Liegen sie beispielsweise mehr im Wissens-, Kultur- oder Sozialbereich und wo dort? Was sind meine Schwächen? Wegen der Einzelheiten zum individuellen Potenzial wird auf die Ausführungen im dritten Teil zu den Kräften der Selbstverwirklichung verwiesen.

Bezüglich der dritten Frage nach dem individuellen Wollen heißt es vor allem, seine Ziele zu klären. Für die Bestimmung der großen Lebensziele im privaten und beruflichen Bereich ist es hilfreich, sich folgende Fragen zu stellen:

(1) Was will ich sein, haben, erleben und tun für mich, meine Mitmenschen, die Gemeinschaft und die Umwelt?
- Welche Wünsche, Zukunftsvisionen und Träume habe ich?
- Was für ein Leben will ich führen?

- Welche Ziele will ich im materiellen Bereich und im Wissens-, Kultur-, Wert- und Sinnbereich verfolgen?
- Welche Ziele habe ich im zwischenmenschlichen und gesellschaftlichen Bereich?
- Was liegt mir besonders am Herzen?

(2) Was gibt meinem Leben einen Sinn?
- Warum bin ich hier?
- Was ist meine Bestimmung beziehungsweise was mache ich zu meiner Bestimmung? (Wobei sich diese auf einen oder mehrere Gegenstände und/oder Personen beziehen kann und sich im Laufe des Lebens entsprechend den sich wandelnden Lebensumständen und eigenen Ansichten auch ändern kann.)
- Was ist mir wichtig?
- Was möchte ich im Leben erreichen?
- Wofür will ich mich voll und ganz einsetzen?
- Welchen Beitrag will und kann ich zu meinem Wohl und zum Wohl der Mitmenschen, der Gemeinschaft und der Umwelt leisten?
- Welche Spuren will ich einmal hinterlassen?

(3) Was macht mich zufrieden und glücklich?
- Was erfüllt mich mit großer Zufriedenheit und Freude?
- Was begeistert mich?
- Welche Beschäftigung liebe ich, unabhängig davon, wann der Erfolg eintritt?
- Was bedeutet für mich ein gutes, erfülltes Leben?

(4) Sind meine sich daraus ergebenden Wunschziele selbstbestimmt oder bewusst bzw. unbewusst fremdbestimmt?
Die ausgewählten Wunschziele sollen selbstbestimmt und nicht fremdbestimmt sein, das heißt, sie sollen wiedergeben, was ich

wirklich will, und nicht das, was andere wollen oder von mir erwarten.

Hier ist nun Folgendes zu beachten: Die Regeln und Normen, nach denen wir unser Denken und Handeln bewusst oder unbewusst ausrichten, haben wir alle einmal in unserer Kindheit oder Jugend von anderen ungeprüft übernommen. Solange es dabei bleibt und wir uns danach richten, handeln wir im Grunde genommen fremdbestimmt. Von einem selbstbestimmten Handeln kann erst dann die Rede sein, wenn wir die unserem Denken und Handeln zugrunde liegenden Überzeugungen zuvor auf ihre (Noch-) Relevanz überprüft und für richtig befunden haben. Hierzu wären Fragen zu stellen, wie zum Beispiel:

- Ist diese Regel zutreffend oder vielleicht längst überholt?
- Warum soll ich die Regel überhaupt befolgen?
- Will ich das von der Norm Geforderte wirklich oder entspreche ich mit der Anwendung der Norm nur den Vorstellungen anderer?

Komme ich bei der Überprüfung der Norm zu dem Ergebnis, dass sie zu Recht besteht, werde ich sie befolgen; im anderen Fall werde ich sie, um selbstbestimmt zu handeln, nicht anwenden.

Im Ergebnis ist festzuhalten: Meine Lebensziele sollen meinem individuellen Wollen und Können entsprechen und müssen deshalb selbstbestimmt sein. Dies ist aber nur dann der Fall, wenn ich die Normen, die meiner Zielauswahl zugrunde liegen, zuvor auf ihre Richtigkeit überprüft habe.[42]

Die Antworten auf die vorstehenden Fragen weisen die Richtung zu den großen persönlichen Lebenszielen.

3. Achten

Seinen Wert zu achten heißt zunächst einmal, sich in seiner Totalität mit all seinen positiven und negativen Seiten anzunehmen, *Ja* zu sich und seiner Vergangenheit zu sagen. Sodann bedeutet es, die verschiedenen Aspekte seines Eigenwerts, insbesondere seine Einmaligkeit im Sein, Können und Wollen, als Wert zu schätzen, ohne überheblich zu sein. Seinen Wert zu achten heißt schließlich auch, sich zu lieben und liebevoll mit sich umzugehen, für sein Dasein und Sosein dankbar zu sein, seinen Wert als eine Aufgabe zu betrachten und deshalb für die Erhaltung und Entfaltung seines Werts und die Pflege seines Potenzials zu sorgen. Nur wer sich seinen Wert immer wieder bewusst macht, hat eine solide Grundlage für seine Selbstverwirklichung und macht sich unabhängig von der Anerkennung seiner Person durch die anderen. Dann stellen sich Selbstachtung, Selbstwertgefühl, Selbstvertrauen, Selbstgewissheit und Selbstsicherheit ein, ungeachtet der eigenen Schwächen und Unzulänglichkeiten, die selbstverständlich auch zu sehen und möglichst zu beheben sind.

4. Entfalten

Der Eigenwert ist nichts Abgeschlossenes, sondern will wie ein Saatkorn wachsen und gedeihen. Es geht um die Entwicklung und Verbesserung unserer Werteaspekte, die uns wahrhaft zum Menschen machen, aus unserer Person erst eine Persönlichkeit werden lassen, vergleichbar einem Rohdiamanten, der in lebenslanger Arbeit zu einem Diamanten geschliffen wird. Ziel ist die persönliche Weiter- und Höherentwicklung durch Geistesschulung und Herzensbildung. Jeder soll unter den jeweiligen Gegebenheiten unter Einsatz all seiner Kräfte das Beste in sich entfalten und so das Beste aus sich machen. Er soll das Wertvolle in sich – seinen

Human-, Individual-, Spiritual- und Sozialwert – zum eigenen und fremden Wohl zum Ausdruck bringen und ausbauen und dabei seine positiven Eigenschaften und Fähigkeiten pflegen und verbessern sowie das Niedere in sich, seine negativen Eigenschaften und sonstigen Defizite, möglichst abbauen. Insoweit enthalten die einzelnen Wertaspekte des Menschen nicht nur Rechte, sondern auch Pflichten.[43]

So beinhaltet der Humanwert nicht nur das Recht gegenüber den anderen auf Achtung der eigenen Selbstbestimmungsaufgabe und Menschenrechte, sondern auch die Pflicht, sich selbst zu bestimmen, seine Menschenrechte wahrzunehmen und sich nicht triebhaft, rücksichtslos, egoistisch, sondern menschenwürdig, also gemäß dem eigenen und dem Wert jedes anderen zu verhalten.

Der Individualwert enthält das Recht und die Pflicht, seine Individualität zu entfalten. Das heißt vor allem, sein Leben selbst zu gestalten und dabei echt, authentisch zu sein. Ziel ist die Selbstautonomie und Identität. Jeder soll sich in seinem Denken und Handeln treu sein und bleiben. Er soll seinen eigenen Weg finden und gehen. Er soll das tun, was er für richtig hält, und nicht andere nachahmen oder das tun, was diese wollen oder von ihm erwarten. Für die Entfaltung der Individualität soll jeder sein gesamtes psychisches und physisches, geistiges und soziales Potenzial einsetzen und verbessern.

Der Spiritualwert verleiht dem Menschen die Fähigkeit und Aufgabe, mithilfe von Vernunft und Gewissen über das Körperliche, Triebhafte, Tierische in sich hinaus zum Geistigen zu gelangen. Ziel unserer geistigen Entfaltung ist also die Autonomie im Sinne von geistiger und sittlicher Selbstbestimmung oder anders ausgedrückt: die Entfaltung unserer Eigenschaft als Vernunft- und Gewissenswesen. Dies geschieht vor allem in vier Bereichen:

- im Wissensbereich: zum Beispiel durch Aus- und Weiterbildung;
- im Kulturbereich: als Kulturschaffender oder Kulturkonsument;
- im Wertbereich: durch Pflege, Anwendung und Verwirklichung von Werten, indem wir unser Denken und Handeln an höheren Werten (wie Freiheit, Verantwortlichkeit, Wahrhaftigkeit, Frieden, Toleranz und Menschenliebe) ausrichten und uns zu einer ethisch wertvollen Person entwickeln; hierzu gehört beispielsweise die Aufgabe, den Kreislauf des Negativen wie Hass, Neid, Eifersucht, Geltungssucht, Rache, Vergeltung, durch höhere Gedanken und Gefühle wie Anteilnahme, Verständnis, Mitgefühl, Vergebung, Großzügigkeit zu beenden;
- im Sinnbereich: durch Sinnsuche und Sinnverwirklichung. Es gilt, das eigene Leben mit Sinn zu erfüllen, es wertvoll zu machen, sich Aufgaben zu stellen, die es wert sind, sich voll und ganz dafür einzusetzen. Leben heißt vor allem, sich anspruchsvolle Ziele, die einem wichtig sind, zu setzen und diese mit allen Kräften zu verfolgen. Hierzu gehört auch, die Aufgaben, die das Leben einem täglich stellt, anzunehmen, mit Sinn zu erfüllen und das zu tun, was im Einzelfall geboten ist.

Der Sozialwert befähigt den Menschen, den Wert der Mitmenschen und der Gemeinschaft zu erkennen, zu achten und deren Wohl zu fördern. Er findet seinen Niederschlag in der Erfüllung des Nächstenwert- und Nächstenwohlauftrags, des Gemeinschaftswert- und Gemeinschaftswohlauftrags sowie des Umweltwert- und Umweltwohlauftrags. Die Zielrichtung lautet hier, vom Ich zum Du und Wir oder vom Eigenwohl zum Nächstenwohl, Gemeinschaftswohl und Umweltwohl zu gelangen, beispielsweise durch ein Engagement für einen Mitmenschen oder eine Gemeinschaft.

Insgesamt gesehen geht es bei der Entfaltung des Eigenwerts um die Entwicklung des Besten in jedem, um das, was seinen Wert ausmacht. Hierfür ist jeder allein verantwortlich. Die Entfaltung des Wertes eines Menschen hängt untrennbar mit seiner Individualität zusammen. Sie kann deshalb von jedem nur bezüglich seines eigenen Wertes, nicht jedoch bezüglich des Wertes eines Mitmenschen erfolgen. Der Einzelne kann dem Mitmenschen hierbei behilflich sein, ihm jedoch nicht die Entfaltung abnehmen.

II. Eigenwohlauftrag: Für sein Wohl sorgen

1. Allgemeines zur Sorge für das Eigenwohl

Wohlbefinden und Wohlfühlarten

Jeder möchte sich seiner Natur nach dauerhaft wohlfühlen, möchte angenehme Gefühle wie inneren Frieden, Liebe, Freude, Vertrauen und Zuversicht empfinden und frei von Sorgen, Ängsten und sonstigen negativen Gedanken und Gefühlen sowie Leid und Schmerzen sein.[44] Jeder sehnt sich danach, verstanden, anerkannt und geliebt zu werden, und bemüht sich sein Leben lang auf die verschiedensten Weisen, dies zu erreichen.[45] Dies alles ist Ausfluss des Selbsterhaltungs- und Selbstentfaltungstriebs. Die Unabhängigkeitserklärung der Vereinigten Staaten von Amerika vom 04.07.1776 knüpft hieran an und stellt in ihrer Präambel fest, dass alle Menschen unveräußerliche Rechte haben, wozu Leben, Freiheit und das Streben nach Glück – *the pursuit of happiness* – gehören. Entsprechend diesem ureigenen Streben des Menschen und der Zielsetzung dieses Buches, einen für alle Menschen (unabhängig von ihrer Weltanschauung und Glaubensüberzeugung) in Betracht kommenden Wegweiser für die Selbstverwirklichung zu erstellen, wird der Begriff des *Eigenwohls* des Menschen hier nicht in einem speziellen, zum Beispiel einer bestimmten Weltanschauung oder Religion eigenen Sinne verstanden, sondern in dem vorgenannten alltäglichen Sinn eines möglichst dauerhaften Zustands des umfassenden Wohlbefindens.

Bei dem angestrebten Wohlbefinden geht es also nicht um einen kurzfristigen, flüchtigen, sondern einen nachhaltigen, lang anhaltenden Zustand. Ziel ist nicht der Kick, das Vergnügen, das kurzfristige Wohlfühlglück, das zu schnell endet und dann immer wieder von Neuem befriedigt werden will. Dies kann immer nur ein Versuch, ein Zwischenschritt zum dauerhaften Wohlbefinden sein. Eigentliches Ziel ist vielmehr ein Zustand nachhaltigen Wohlbefindens. Hauptmerkmale dieses Zustands dürften der innere Frieden mit sich und der Umwelt, die Freude und die Zuversicht sein.[46]

Wann besteht nun ein solcher Zustand nachhaltigen Wohlbefindens? Welche Voraussetzungen müssen hierfür vorliegen? Ein Blick auf unsere Bedürfnisse hilft hier weiter. Jeder hat im Hinblick auf sein Wohlbefinden

- geistig-seelische Bedürfnisse: in einer positiven Grundstimmung zu sein; angenehme Gedanken und Gefühle zu haben und frei von allem Negativen wie Sorgen und Ängsten zu sein;
- körperliche Bedürfnisse: frei von körperlichen Beschwerden und Krankheiten zu sein;
- arbeitsmäßige Bedürfnisse: Freude bei der Arbeit zu empfinden;
- materielle Bedürfnisse: eine ausreichende materielle Grundlage zu haben, um die materiellen und geistigen Bedürfnisse befriedigen zu können;

- geistige Bedürfnisse: sich im Wissens-, Kultur-, Wert- und Sinnbereich zu betätigen;
- soziale Bedürfnisse: Zwischenmenschlichkeit und Gemeinschaft zu erleben.

Die Befriedigung der einzelnen Wohlfühlbedürfnisse führt jeweils zu einer bestimmten *Wohlfühlart:* die Befriedigung der Grundstimmungsbedürfnisse zum Grundstimmungswohl (anders ausgedrückt zu einer positiven Grundstimmung), die Befriedigung der körperlichen Bedürfnisse zum körperlichen Wohl, die der arbeitsmäßigen Bedürfnisse zum Arbeitswohl, die der materiellen Bedürfnisse zum materiellen Wohl, die der geistigen Bedürfnisse zum geistigen Wohl und die der sozialen Bedürfnisse zum sozialen Wohl.

All diese Wohlfühlarten leisten ihren Beitrag zu dem erstrebten nachhaltigen Wohlbefinden. Jede Wohlfühlart wirkt auf die anderen Wohlfühlarten ein und wird umgekehrt auch von diesen beeinflusst. So wirkt sich eine positive oder negative Stimmung oft unmittelbar oder mittelbar auf das Körper- und Arbeitswohl sowie das materielle, geistige und soziale Wohl aus und umgekehrt.

Sorge für die Wohlfühlarten

Der Eigenwohlauftrag berechtigt und verpflichtet jeden, alles zu tun, um sich dauerhaft wohlzufühlen. Da das individuelle Wohlbefinden wesentlich von dem Zustand der aufgezeigten Wohlfühlarten abhängt, heißt das, dass jeder sich intensiv um sie kümmern muss. Wohlbefinden und damit auch Glück erscheinen so als eine Aufgabe, die aus sechs Teilaufgaben besteht: der Sorge für das eigene Grundstimmungswohl (positive Grundstimmung), für das körperliche Wohl, Arbeitswohl, materielle, geistige und soziale Wohl. Positive, die jeweilige Wohlfühlart stärkende Umstände sind zu fördern, sie beeinträchtigende Umstände sind zu meiden beziehungsweise zu beseitigen. Anders ausgedrückt: Grundstimmungswohl, Körperwohl, Arbeitswohl und das materielle, geistige und soziale Wohl sollen maximiert und alle Umstände, die dem entgegenstehen, minimiert werden.

Kast bezeichnet die Lustmaximierung (Freude, Liebe, Glück etc.) und die Unlustminimierung (Schmerz, Angst, Ekel etc.) als die großen Ziele des Menschen.[47] Hierbei ist zu berücksichtigen, dass die Wohlfühlarten für jeden unterschiedliche Bedeutung haben. So kann das materielle Wohl für den einen eine sehr große Bedeutung besitzen, während ein anderer der Erfüllung seiner geistigen und sozialen Bedürfnisse einen viel höheren Stellenwert beimisst. Insoweit hat jeder auch die Aufgabe, eine Prioritätenliste bezüglich der Bedeutung der einzelnen Wohlfühlarten für sich aufzustellen. Die Sorge für das Eigenwohl ist eine lebenslange Aufgabe, für die jeder selbst verantwortlich ist. Nur der Einzelne selbst kennt seine im Lauf des Lebens oft wechselnden Bedürfnisse und Wünsche und kann entscheiden, was ihm langfristig guttut. Dies soll terminologisch dadurch zum Ausdruck gebracht werden, dass im weiteren Verlauf der Einsatz für das eigene Wohl vorzugsweise mit dem Wort *sorgen* und der Einsatz für das Wohl der Mitmenschen und der Gemeinschaft mit dem Wort *fördern* bezeichnet wird.

Umfang der Sorge

Das Eigenwohl hängt von inneren und äußeren Faktoren ab:

Innere Faktoren sind Tatsachen der Innenwelt, insbesondere unsere Gedanken, Gefühle, Wünsche und Erwartungen, kurzum unsere Einstellung. Auf sie haben wir unmittelbar Einfluss.

Äußere Faktoren sind Tatsachen der Außenwelt wie zum Beispiel die politischen, wirtschaftlichen und sozialen Verhältnisse. Auf sie haben wir nur einen beschränkten oder gar keinen Einfluss.

Die Aufgabe, für das eigene Wohl zu sorgen, kann nur insoweit bestehen, als wir hierauf Einfluss nehmen können. Nur in diesem Umfang sind wir für unser Wohl verantwortlich. Umstände, die wir nicht beeinflussen können, liegen außerhalb unseres Verantwortungsbereichs. Im Ergebnis heißt das: Die Sorge für unser Wohl bezieht sich auf die für unser Wohl relevanten inneren und äußeren Faktoren – auf die äußeren Faktoren jedoch nur insoweit, als wir sie beeinflussen können. Können wir sie nicht beeinflussen, sind wir lediglich für unsere innere Einstellung zu den betreffenden äußeren Umständen verantwortlich. Sinnvoll erscheint hier allein die innere Haltung, die nicht zu ändernden Tatsachen zu akzeptieren und sich zu bemühen, das Beste aus der Situation zu machen; alles andere wäre Zeit- und Energieverschwendung.

Nach diesen allgemeinen Ausführungen zur Sorge für das Eigenwohl soll im Folgenden ausführlich auf die Sorge für die einzelnen Wohlfühlarten eingegangen werden, also auf die Frage, wie man für sein Grundstimmungswohl, körperliches, arbeitsmäßiges, materielles, geistiges und soziales Wohl sorgt.

2. Für sein Grundstimmungswohl sorgen

Unser Wohlbefinden hängt wesentlich von unserer Grundstimmung ab. Diese sollte so beschaffen sein, dass sie sich möglichst positiv auf uns auswirkt. Sie soll uns nachhaltig guttun, uns stärken, voranbringen, zum Erfolg führen und uns angenehme Gefühle bringen. Wegen ihres auf Nachhaltigkeit angelegten Zwecks ist sie für unser Wohlbefinden von grundlegender Bedeutung.

Unsere Grundstimmung beruht auf unseren Gedanken und Gefühlen, für die allein wir verantwortlich sind. Dieser Verantwortung müssen wir uns stellen, auch wenn sie oft unbekannt ist oder vernachlässigt wird. Dass jeder für die Erhaltung seiner körperlichen Gesundheit verantwortlich ist, wird allgemein akzeptiert. Anders verhält es sich mit der geistig-seelischen Gesundheit: Hier nehmen wir bei Missständen oft eine Opferhaltung ein und führen geistiges und seelisches Unwohlsein auf äußere, von uns nicht zu verantwortende Umstände zurück wie Ungerechtigkeit, Bosheit und Missgunst der Mitmenschen, negative Lebensumstände oder einfach die Willkür des Schicksals. Das Gefährliche dabei ist, dass wir uns auf diese Weise hilflos stellen, aus der Verantwortung stehlen und damit von vornherein auf jegliche Gegenwehr verzichten, statt uns auf unsere Fähigkeit zu besinnen, unsere Gedanken und Gefühle zu steuern und so für unser Wohlbefinden selbst zu sorgen. Vor allem übersehen wir hierbei, dass wir selbst es sind, die den äußeren Vorgängen - wie den Worten eines Mitmenschen oder einem sonstigen Ereignis - mit unserer Beurteilung eine Bedeutung beimessen, die überhaupt erst zu der Beeinträchtigung unseres Wohlbefindens führt. Lazarus führt hierzu aus, dass »nicht Ereignisse uns wütend, traurig, froh oder ängstlich machen. Vielmehr ist es unsere *Deutung* der Ereignisse, die dazu führt, dass wir wütend, traurig, froh oder voller Angst sind.«[48]

Unser Wohlbefinden hängt somit ganz entscheidend von unseren Interpretationen und Beurteilungen und den durch sie verursachten Gefühlen, kurzum von unserer mentalen und emotionalen Einstellung ab. Auch dies spricht für die große Bedeutung der Aufgabe, für die eigene gute Stimmung zu sorgen.

Die Sorge für die positive Grundstimmung beinhaltet dreierlei: Zum einen geht es darum, Grundstimmungswohlfaktoren anzuwenden (nachstehend a). Dann ist es wichtig, negative Einstellungen und Verhaltensweisen möglichst zu vermeiden oder schnell zu beseitigen (b). Schließlich ist es bedeutsam, auf seine geistige Ernährung und ausreichende Entspannung zu achten (c). Auf diese Weise soll das Wohlbefinden möglichst maximiert und das Unwohlsein möglichst minimiert werden.

a) Grundstimmungswohlfaktoren anwenden
Für die Schaffung und Erhaltung einer positiven Grundstimmung sind sechs Einstellungen von herausragender Bedeutung: Zufriedenheit, Dankbarkeit, Liebe, Freude, Vertrauen und Zuversicht. Sind wir zufrieden und dankbar, empfinden Liebe und Freude und haben Vertrauen und Zuversicht, so schafft dies angenehme Gefühle und eine gute Stimmung in uns, fühlen wir uns wohl. Gleichzeitig können keine unangenehmen Gefühle bestehen. Zufriedenheit, Dankbarkeit, Liebe, Freude, Vertrauen und Zuversicht und alles, was diese Gefühle hervorruft, werden deshalb im Folgenden als *Grundstimmungswohlfaktoren* bezeichnet.

Bei dem Auftrag, für eine positive Grundstimmung zu sorgen, geht es also auch darum, möglichst dauerhaft zufrieden, dankbar und voller Liebe, Freude, Vertrauen und Zuversicht zu sein. Um dieses Ziel zu erreichen, müssen wir zunächst die Faktoren in unserem Leben ermitteln, die bei gebührender Würdigung den gewünschten Gefühlszustand in uns hervorrufen.

Folgende Fragen stellen sich hier:
- Wofür kann ich zufrieden und dankbar sein?
- Was gibt es und gab es an Liebenswertem und Erfreulichem in meinem Leben?
- Warum kann und soll ich mit Vertrauen und Zuversicht in die Zukunft blicken?

Nach Beantwortung dieser Fragen gilt es, das Denken, Fühlen und Handeln auf diese Faktoren und ihren Wertgehalt zu konzentrieren, also auf das, wofür man zufrieden und dankbar sein kann und was es an Liebenswertem und Erfreulichem im eigenen Leben gibt, nicht jedoch auf diejenigen Umstände, die die gegenteiligen Gefühle in einem wecken, einen also unzufrieden, lieblos, freudlos stimmen und keinen Anlass für Dankbarkeit und Zuversicht geben. Es ist widersprüchlich, zufrieden und glücklich sein zu wollen, sich aber andererseits lang und breit über all das Negative im Leben zu beklagen und damit die Unzufriedenheit und sonstige schlechte Stimmung erst herbeizureden.[49]

Wer sich an Nichtachtung, Kritik, Boshaftigkeit, Misserfolg und dergleichen aufhält, kann nicht erwarten, dass er damit zu innerem Frieden gelangt. Selbstverständlich gibt es im Leben auch negative Aspekte, aber es gibt immer auch viele positive Seiten zu sehen, besonders dann, wenn wir die richtige Brille aufsetzen, die unsere oft fehlerhaften negativen Interpretationen der Ereignisse herausfiltert.

Wir haben die Wahl, in welche Richtung wir unsere Aufmerksamkeit lenken. »Je nach unserer *Entscheidung*, wie wir die Dinge sehen *wollen*, ist das Glas für uns entweder schon halb leer oder noch halb voll. Da fast alles im Leben positive und negative Seiten hat und beide Seiten ›wahr‹ sind – das Glas ist wirklich halb leer und doch gleichzeitig halb voll –, können wir selbst entscheiden, ob wir unsere Aufmerksamkeit mehr auf das Positive oder mehr auf das Negative richten wollen.«[50] Konzentrieren wir uns auf die positiven Aspekte, so fördern wir unser Wohlbefinden sowie die Kraft, unsere Ziele voranzutreiben, und ziehen damit den Erfolg an. Konzentrieren wir uns dagegen auf die negativen Aspekte – wie negative Gedanken, Gefühle, Erwartungen, Sorgen, Ängste, Ärger, Misserfolge –, so beeinträchtigen wir unser Wohlbefinden, lähmen unsere Kräfte und laufen Gefahr, weiter Negatives damit anzuziehen. Überspitzt ausgedrückt lässt sich sagen: Egal ob man positiv oder negativ denkt, man hat immer recht, denn der positiv Denkende zieht das Positive und der negativ Denkende das Negative an (selbsterfüllende Prophezeiung).[51] Es spricht also alles dafür, den Fokus auf die positiven Aspekte zu lenken. Wenn ich zufrieden und glücklich sein will, muss ich konsequenterweise gezielt und intensiv an das denken und das fühlen und tun, was mich zufrieden und glücklich macht – nicht an das, was mich unzufrieden und unglücklich macht.

Dies alles soll im Folgenden noch bei den einzelnen Grundstimmungswohlfaktoren veranschaulicht werden.

Zufriedenheit

Jeder Mensch möchte in und mit seinem Leben zufrieden sein. Die Zufriedenheit ist sozusagen der Leitwert unter den sechs Grundstimmungswohlfaktoren. Wer mit seinem gegenwärtigen Sein, Haben, Tun und Erleben sowie mit seiner Umwelt zufrieden ist, ist mit sich und seinem Leben im Frieden und insoweit frei von gravierenden Sorgen, Ängsten und sonstigen negativen Aspekten.

Doch was heißt es, zufrieden zu sein? Wann sind wir zufrieden, in diesem inneren Frieden? Ist damit die berühmte heile Welt oder das Schlaraffenland gemeint, also ein Zustand frei von allem Negativen wie materieller Not, Enttäuschung, Anfeindungen und unerfüllten Wünschen – ein Zustand des wunschlosen Glücklichseins? Die Antwort lautet: Nein. Selbst wenn man sich bemüht, sich, sein Leben und die Welt möglichst in günstigem Licht zu sehen, wird es immer Umstände geben, die einem das Leben schwer machen. Ebenso gibt es keinen dauerhaft wunschlosen Zustand, selbst wenn man seine Wünsche erheblich beschränkt. Frei von Wünschen kann man nur sehr kurze Zeit sein. Spätestens beim nächsten Hunger- oder Durstgefühl ist ein neuer Wunsch da. Die heile Welt, frei von Negativem und unerfüllten Wünschen, ist in unserem Leben nicht erreichbar. Würde man ein solches Ziel anstreben, wäre dauerhafte Unzufriedenheit mit all ihren negativen Folgen für Körper und Seele vorprogrammiert. Zufriedenheit kann also sinnvollerweise nur einen Zustand bezeichnen, der sich, trotz negativer Umstände und unerfüllter Wünsche, durch inneren Frieden und Wohlbefinden auszeichnet.

Wie können wir einen solchen Zustand der Zufriedenheit erlangen? Worin besteht die Kunst, mit dem, was man ist, hat, erlebt und tut, dauerhaft zufrieden zu sein? Worin unterscheiden sich die Menschen, die mit sich und ihrem Leben – und allem, was dazu an Schwierigkeiten und Mühe gehört – zufrieden sind, von den vielen Unzufriedenen?

Im Wesentlichen sind es drei Voraussetzungen des zufriedenen Lebens, die von den einen beachtet und von den anderen missachtet werden:

- die realistische Sicht der Dinge,
- die Konzentration aller Kräfte auf die positiven Seiten des Lebens und
- das Streben nach Unabhängigkeit von der Meinung anderer und von der Erfüllung seiner Ziele.

Die realistische Sicht der Dinge besteht in der Erkenntnis, dass im Leben nicht alle Wünsche erfüllt werden können und es kein Leben ohne negative Umstände gibt. Selbst wenn wir unsere Wünsche auf das erreichbare und sinnvolle Maß beschränken, gibt es keinen wunschlosen Zustand. Gleichwohl ist die Beschränkung der Wünsche durch Mäßigung und Bescheidenheit angebracht. Der

Dalai Lama führt hierzu treffend aus: »gerade in unserer heutigen, von Materialismus und globalem Konsumdenken geprägten Welt« ist es »besonders wichtig, Zufriedenheit zu entwickeln. Die materialistische Gesellschaft setzt die Menschen permanent unter Druck, mehr haben zu wollen und mehr zu kaufen, auch wenn ihre Grundbedürfnisse längst befriedigt sind.«[52]

Dass es kein Leben ohne negative Umstände gibt, resultiert aus der Fehlerhaftigkeit des Menschen und der Bedingtheit allen Seins. Die realistische Sicht der Dinge zeigt also, dass es nötig ist, unsere Wünsche auf das erreichbare und sinnvolle Maß zu beschränken und zu erkennen, dass auch diese Wünsche nicht alle erfüllt werden können, dass das Leben zwangsläufig auch Schwierigkeiten mit sich bringt und dass es unsere Aufgabe ist, in diesem abgesteckten Rahmen zufrieden zu sein. Ohne diese realistische Sicht lässt sich anhaltende Zufriedenheit nicht erreichen.

Die zweite Voraussetzung der Zufriedenheit ist, dass wir all unsere Kräfte auf die positiven Seiten unseres Lebens konzentrieren und nicht auf die negativen Seiten, zum Beispiel auf das, was uns fehlt. Diese Voraussetzung knüpft an die Tatsache an, dass das Leben für den Einzelnen nicht nur Negatives, sondern stets auch viel Positives bringt und es für die Führung eines zufriedenen Lebens wichtig ist, diese positiven Tatsachen wahrzunehmen und sich verstärkt auf diese zu konzentrieren. Für die Ermittlung dieser Faktoren ist zu fragen: Wofür kann ich zufrieden sein und was macht mich zufrieden?

Bei der Beantwortung dieser Fragen ist an Zweierlei zu denken: Einmal an all das, was man an Positivem im Sein, Haben, Tun und Erleben hat oder in der Vergangenheit hatte (Vorliegen positiver Faktoren), zum anderen an all das, was man an Negativem im Sein, Haben, Tun und Erleben (wie zum Beispiel eine unheilbare Krankheit, Armut, Unfreiheit) nicht hat und auch in der Vergangenheit nicht hatte (Nichtvorliegen negativer Faktoren). Man denke hierbei nur an das Elend von Millionen Menschen auf unserer Erde.

Die dritte Voraussetzung der Zufriedenheit besteht darin, dass man sich nicht von der Meinung anderer und von der Erfüllung der eigenen Ziele abhängig macht.[53] Richten wir uns in unserem Denken und Handeln nicht nach unserer wohlbegründeten Überzeugung, sondern nach der Anerkennung und der Kritik anderer, so machen wir uns zwangsläufig zu deren Spielball und damit unglücklich. Ebenso negativ ist es, wenn wir nicht schon bei der Ausführung, sondern erst bei der Erfüllung unserer großen, oft langfristigen Ziele zufrieden sind und uns damit von vornherein für die Zeit bis zum Erfolgseintritt unglücklich machen.

Nachfolgend einige Anhaltspunkte für Faktoren, die positive Aspekte aufweisen und uns insoweit zufrieden stimmen können, besonders dann, wenn wir hierbei an die Menschen denken, denen es weltweit sehr schlecht geht:

Aspekte des Seins
Was ich bin und wie ich es geworden bin: körperliche, geistig-seelische und soziale Eigenschaften, Fähigkeiten und Erfahrungen, Bildung und Unterstützung durch andere.

Aspekte des Habens
Was ich habe: wirtschaftliche Verhältnisse, Arbeitsverhältnisse (Inhalt, Ort, Zeit, Entlohnung, Urlaub, Betriebsklima, Anerkennung, Entwicklungsmöglichkeiten), Sozialverhältnisse (Partner, Kinder, Eltern, Geschwister, weitere Verwandte, Freunde, Bekannte), sonstige Umweltverhältnisse (natürliche Umwelt, kulturelles Um-

feld, politische, rechtliche und wirtschaftliche Verhältnisse, soziale und medizinische Versorgung).

Aspekte des Tuns

Was ich beruflich und privat bisher getan habe, gegenwärtig tue und künftig tun kann: für mich, für andere, für die Gemeinschaft, zum Beispiel Ausbildung, verantwortungsvolle praktische oder wissenschaftliche Tätigkeit, Unterstützung hilfsbedürftiger Menschen, ehrenamtliche Tätigkeit.

Aspekte des Erlebens

Was für positive Erlebnisse habe ich bisher gehabt, welche kann ich künftig haben? Sozialerlebnisse wie wertvolle menschliche Kontakte, Empfangen von Verständnis, Mitgefühl, Anerkennung, Zuspruch, Unterstützung, Erleben von Gemeinsamkeit und Zugehörigkeit; Kulturerlebnisse wie Lesen wertvoller Lektüre, Musizieren, sich künstlerisch betätigen, Besuch von Vorträgen, Konzerten, Ausstellungen und Museen, Weiterbildungsveranstaltungen, Sportveranstaltungen; Naturerlebnisse wie die Schönheit der Natur genießen, Spazierengehen, Wandern, Reisen sowie Erfolgserlebnisse.

Die Aufzählung macht deutlich, wie umfassend der zu beantwortende Fragenkatalog ist und wie unterschiedlich die Antworten von Mensch zu Mensch ausfallen werden. Worüber der eine zufrieden sein kann, wird bei dem anderen möglicherweise kein Gefühl der Zufriedenheit auslösen. Eines kann aber gleichwohl festgestellt werden: dass jeder Mensch mehr oder weniger viele Faktoren bei sich finden wird, die ihn bei gebührender Würdigung mit Zufriedenheit erfüllen werden. Diese Faktoren gilt es für sich aufzulisten und diese Zufriedenheitsliste von Zeit zu Zeit entsprechend den neuen Verhältnissen zu ergänzen. Die Liste kann uns als ständige Erinnerungsstütze dienen bei der Aufgabe, mit sich und seinem Leben zufrieden zu sein. Wir können hieraus die Kraft schöpfen, mit Zuversicht und Tatkraft die neuen Aufgaben auszuführen.

Dankbarkeit

Dankbar zu sein und Dankbarkeit zu zeigen ruft ein sehr positives Gefühl hervor. Es versetzt uns in eine angenehme Stimmung, schafft Wohlbefinden und lässt insoweit keinen Raum für Unzufriedenheit und sonstige negative Gefühle.

Die Dankbarkeit hängt eng mit der Zufriedenheit zusammen. Für die Faktoren, mit denen man zufrieden sein kann und die einen zufrieden stimmen, kann man auch dankbar sein und Dankbarkeit zeigen. Es sind die gleichen Faktoren, die in der Zufriedenheitsliste aufgeführt sind. Die Zufriedenheitsliste ist also zugleich auch eine Dankbarkeitsliste.

Es gibt so vieles in unserem gegenwärtigen und bisherigen Leben, Großes und Kleines, wofür wir dankbar sein können: was wir bisher an Positivem erlebt und getan haben, was wir geworden sind und was wir jetzt und künftig an Wahrem, Gutem und Schönem erleben und für uns und andere tun können. Hierauf müssen wir unsere Gedanken richten und dabei neben dem Gefühl der Zufriedenheit auch das Gefühl der Dankbarkeit empfinden und zeigen. Wir lenken damit unseren Blick gezielt auf das Positive in unserem Leben. Je mehr uns dies gelingt, desto besser wird unsere positive Grundstimmung und desto weniger anfällig werden wir gegenüber negativen Ereignissen sein.

Liebe

Jeder möchte Liebe empfinden und geben, geliebt werden und lieben. Liebe bringt uns in eine positive Stimmung. Wer liebevolle Gedanken und Gefühle hat, zeigt und aussendet, kann nicht gleichzeitig unzufrieden sein. An Liebenswertes zu denken und das zu tun, was man liebt, trägt ganz wesentlich zum Wohlbefinden bei.

Liebe kann sich auf vieles beziehen: auf die eigene Person, die Mitmenschen, die Arbeits- und Freizeitverhältnisse, die materiellen Verhältnisse, die Umweltverhältnisse, die Tätigkeiten, die mit liebenswerten Gedanken einhergehen, oder einfach darauf, sich und anderen Gutes zu tun. Die Eigenliebe zeigt sich darin, dass man sich als Mensch mit seinen positiven und negativen Seiten achtet und schätzt und gut zu sich ist. Bei der Nächstenliebe geht man liebevoll mit anderen um, indem man diesen zum Beispiel Verständnis und Mitgefühl, Güte und Freude, Unterstützung, Großzügigkeit und Vergebung entgegenbringt und damit zugleich positive Gefühle in sich selbst hervorruft.[54]

Bei der Beantwortung der Frage, was es bisher an Liebenswertem im eigenen Leben gibt und gab und was einen mit Liebe erfüllt, kann an den bei der Erörterung der Zufriedenheit genannten Katalog angeknüpft werden. Hat man die Faktoren, die einen mit Liebe erfüllen, ermittelt, gilt es, seine Gedanken und Gefühle verstärkt auf sie zu richten und so eine möglichst positive Grundstimmung in sich zu schaffen und zu erhalten. Je mehr Liebe im weitesten Sinne wir empfinden und zeigen, desto größer wird unser Wohlbefinden sein. Auch hier empfiehlt es sich, die betreffenden Faktoren in einer Liste festzuhalten, die in Abständen anzupassen ist und auf die man bei Bedarf schnell zur Wiederherstellung des seelischen Wohlbefindens zurückgreifen kann.

Freude

Freude empfinden, zeigen, mit anderen teilen und sich und anderen Freude zu bereiten sind wichtige Bausteine für eine positive Grundstimmung. Freude kann Verschiedenes bedeuten:

- Spaß haben und humorvoll sein, viel lachen, auch über sich selbst;
- sinnliche Freude, Freude, die speziell mit unseren Sinnen zu tun hat wie die optische, akustische, Geschmacks-, Geruchs- und Tastfreude;
- geistige Freude, die aus der Befriedigung intellektueller, ästhetischer und religiöser Interessen entsteht wie beispielsweise das Erreichen eines großen Zieles, die Überwindung erheblicher Schwierigkeiten;
- soziale Freuden, die aus der Erfüllung sozialer Wünsche resultiert, wozu auch die Sorge für das Wohl anderer gehört.

Spaß und sinnliche Freuden sind in der Regel von kurzer Dauer. Die geistigen und sozialen Freuden wirken häufig tiefer und nachhaltiger, wobei die Intensität der Freude oft mit dem Schwierigkeitsgrad der Aufgabe korreliert.

Für die Beantwortung der Frage, worüber man sich freuen kann und was einem Freude macht, kann man zunächst auf die Aufstellung der Faktoren zurückgreifen, die einen zufrieden, dankbar und liebevoll stimmen. Über diese Faktoren sollte man sich ebenfalls freuen können. Daneben geht es darum, sich selbst Gutes zu tun und Freude zu bereiten. Nach dem Motto *Freude machen, macht Freude* oder *Gutes tun, tut gut* gehört hierher auch, dass wir anderen mit Worten, Gesten und Taten Respekt erweisen, Gutes tun und Freude bereiten. Tag für Tag eröffnen sich hierzu unzählige Möglichkeiten. Schließlich gehört dazu auch die Kunst, sich über die vielen kleinen Dinge des Alltags, die uns guttun, zu freuen (wie ein Lachen, ein freundliches Wort, eine hilfsbereite Geste, die

Schönheit einer Blume, ein sonniger Tag, ein erfrischender Spaziergang, ein gutes Essen) sowie die Fähigkeit, seine Arbeit mit Freude auszuführen und sich nicht nur über den angestrebten Enderfolg, sondern auch über jeden kleinen Fortschritt auf dem Weg dahin zu freuen.

Vertrauen

Vertrauen ist eine Haltung, bei der man sich auf etwas oder jemanden verlässt und davon ausgeht, dass es gut gehen wird. Vertraue ich, so blicke ich insoweit positiv in die Zukunft und glaube an den guten Ausgang, den Erfolg. Vertrauen hat Bedeutung für den Einzelnen und für die Gemeinschaft. Dem Einzelnen gibt es Sicherheit und Zuversicht und ist damit die Basis für Zufriedenheit, Mut und Geduld. Für die Gemeinschaft ist Vertrauen die Grundlage für ein gedeihliches menschliches Zusammenleben. Ohne Vertrauen wären wir ständig in Sorge, hätten Ängste und wären in misstrauischer Abwehrhaltung; es gäbe keine freundschaftliche und partnerschaftliche Bindung und keinen wahren Frieden.

Wir brauchen Selbstvertrauen, Menschenvertrauen und Lebensvertrauen. Selbstvertrauen beinhaltet den festen Glauben an sich und die eigenen Fähigkeiten sowie die Überzeugung, dass man die Aufgaben, die das Leben einem stellt, meistern wird. Es beruht auf einem positiven Selbstbild, gepaart mit einem gesunden Maß an Selbstliebe und Selbstwertgefühl. Selbstvertrauen verleiht innere Stärke und Selbstsicherheit. Menschenvertrauen ist der Glaube an die Verlässlichkeit der Menschen, die es erlaubt, den Mitmenschen etwas zuzutrauen und anzuvertrauen. Lebensvertrauen ist der tiefe Glaube, das Urvertrauen, dass letztlich alles gut ausgehen wird, dass alles im Leben einen Sinn hat, auch wenn er für uns nicht erkennbar ist.[55] Es gibt uns die Möglichkeit, uns voll und ganz auf das Leben einzulassen, seine Aufgaben als Entwicklungschancen und Misserfolge als Zwischenstufen auf dem Weg zum Erfolg zu betrachten. Lebensvertrauen ist nicht an einen religiösen Glauben gebunden. Es kann auf einem Glauben an eine höhere Kraft wie Gott (*Dein Wille geschehe*) beruhen, muss dies aber nicht. Auch religiös Ungläubige können ein starkes Vertrauen in das Leben und die Zukunft haben.

Vertrauen hat mit der Zukunft zu tun und ist von daher mit Unsicherheiten behaftet. Verlassen wir uns auf etwas oder auf jemanden, so liegt in dieser Erwartungshaltung ein Vertrauensvorschuss, der sich später als gerechtfertigt oder ungerechtfertigt erweisen kann. An dieser Vorleistung kommen wir nicht vorbei. Das heißt aber noch lange nicht, dass wir kritiklos und unbedingt allem und jedem blind vertrauen sollen. Angebracht ist vielmehr ein kritisches, mit Lebensklugheit gepaartes Vertrauen, das im Einzelfall durchaus auch zu einem berechtigten Misstrauen führen kann.[56]

Der Grund dafür, dass wir grundsätzlich Vertrauen zu uns, zum Mitmenschen und zum Leben haben sollten, liegt in der Bedeutung des Vertrauens für unseren inneren Frieden. Wenn wir kein Leben voller Sorgen und Ängste führen wollen, sind wir auf Vertrauen angewiesen. Jeder muss deshalb sich, dem anderen und dem Leben zumindest in gewissem Umfang vertrauen. Dieses Vertrauen gibt Selbstsicherheit, Mut und Tatkraft und wird oft zum gewünschten Erfolg führen. Dies zeigt auch die Lebenserfahrung. Gegen eine grundsätzlich vertrauensvolle Haltung spricht auch nicht, dass sie sich als falsch erweisen kann. Würde man diesen möglichen Irrtum zum Anlass nehmen, von jeglichem Vertrauen abzusehen, würde dies stets die beschriebenen negativen Emotionen, Sorgen und Ängste hervorrufen, mit der Wirkung, dass wir ständig unzufrieden wären und nur einen Bruchteil von dem errei-

chen würden, was wir mit einer vertrauensvollen Haltung erreichen könnten.[57]

Zuversicht

Zuversicht hängt eng mit Vertrauen zusammen. Sie basiert auf
Vertrauen und beinhaltet oft eine Aussage über die Zukunft. Wer
zuversichtlich ist, hat eine positive Erwartungshaltung bezüglich
des Eintritts eines Ereignisses. Der Zuversichtliche glaubt an sich,
seine Fähigkeiten und den guten Ausgang. Er glaubt daran, dass
letztlich alles gut gehen wird, egal was geschieht. Er erwartet, was
er eintreten sehen will, und nicht, was er nicht erleben will. Er hat
den Erfolgsglauben, der dem Optimisten eigen ist. Zuversicht ruft
Energie und Begeisterung hervor, öffnet den Blick für Möglichkeiten und stärkt Selbstsicherheit, Mut, Ausdauer und Zufriedenheit.

Fehlt es an Zuversicht, stellt sich schnell Unsicherheit, Unwohlsein und Misserfolg ein. Letztlich sind es die Optimisten, die in
jedem Problem eine Gelegenheit sehen und die Entwicklung vo-
rantreiben, nicht die Pessimisten, die in jeder Gelegenheit ein
Problem sehen[58] und vor lauter Gedanken an den Misserfolg nicht
vorankommen. Eine von Zuversicht geprägte Lebenseinstellung ist
also ein wichtiger Baustein für eine positive Grundstimmung. Damit ist jedoch kein blindes Vertrauen in die Zukunft gemeint. Auch
eine grundsätzlich zuversichtliche Lebenseinstellung erfordert es,
die im Einzelfall relevanten Risiken sorgfältig abzuwägen und erst
dann zu entscheiden.

Wie das Vertrauen, so ist auch die darauf aufbauende Zuversicht etwas Lebensnotwendiges. Sie ist dem Selbsterhaltungs- und
Selbstentfaltungstrieb des Menschen immanent. Leben ohne Vertrauen und Zuversicht ist trost- und hoffnungslos, ist wie Atmen
ohne Luft. Ohne Urvertrauen in uns und unser Schicksal und ohne
eine darauf basierende zuversichtliche Lebenseinstellung können

wir auf Dauer nicht leben und hätte die Menschheit den Kampf um das Leben und Überleben nicht bis heute bestehen können.

b) Negative Einstellungen und Verhaltensweisen vermeiden und beseitigen

Entstehen negativer Einstellungen und Verhaltensweisen

Mit einer positiven Grundstimmung zum Leben können wir erfahrungsgemäß das Auftreten negativer Einstellungen und Verhaltensweisen verringern, aber nicht ganz vermeiden. Wir müssen uns also neben der Pflege einer positiven Einstellung auch um die Beseitigung negativer Einstellungen und Verhaltensweisen bemühen, um unsere Unlustgefühle möglichst zu minimieren.

Negative Einstellungen sind Gedanken- und Gefühlszustände, die unseren inneren Frieden merklich beeinträchtigen. Sie zeigen sich in Form von Ärger, Sorgen, Angst, Hass, Neid, Habsucht, Gier, Bosheiten, Feindseligkeiten und dergleichen. Sie rufen unangenehme Gefühle und Unwohlsein sowie negatives Reden und Tun hervor und nehmen uns positive Energien und Tatkraft, die uns dann für unsere positive Einstellung fehlen. Sie stören unseren Seelenfrieden, indem sie uns in einen Zwiespalt bringen: Einerseits sehnen wir uns nach Frieden und Harmonie in und mit unserer Umgebung, andererseits wenden wir uns mit Groll gegen die Personen und Umstände, denen wir die Schuld für unsere negativen Gefühle und das damit verbundene Leid zuweisen, und rufen so einen Zustand der Unzufriedenheit, des Unfriedens in uns hervor. Unser Ziel muss also sein, Beeinträchtigungen unseres inneren Friedens zu vermeiden und, soweit sie doch auftreten, möglichst schnell zu beseitigen.

Ansatzpunkt für die Vermeidung und Beseitigung negativer Einstellungen und der daraus resultierenden Verhaltensweisen ist, sich das Entstehen von negativen Einstellungen und Verhal-

tensweisen bewusst zu machen. Fünf Stufen des Entstehungsprozesses lassen sich hierbei nach dem Dalai Lama[59] bilden, auch
wenn ihre Abfolge so schnell ist, dass man sie oft nicht unterscheiden kann:

- äußerer Reiz, z. B. eine Bemerkung oder sonstige Tatsache,
- Wahrnehmung des Reizes,
- Interpretation des Reizes (mentale Deutung, Beurteilung),
- emotionale Reaktion auf die Interpretation des Reizes (emoti-
  onale Deutung),
- Verhaltensreaktion hierauf (Reden, Tun und Unterlassen).

Bereits hieran wird deutlich, dass es nicht richtig sein kann, die
Ursache einer negativen Einstellung ausschließlich im Verhalten
eines anderen oder in einem sonstigen äußeren Reiz zu sehen.

Vermeiden negativer Einstellungen und Verhaltensweisen
Bei der Verhinderung negativer Einstellungen (Gedanken, Gefühle)
und Verhaltensweisen können wir nun an den verschiedenen Stufen ihres Entstehungsprozesses ansetzen. Hierbei eröffnen sich
mehrere Möglichkeiten:

Am besten ist es natürlich, wenn es gar nicht erst zu einer Reizsi-
tuation kommt, die uns zu einem negativen Verhalten bewegen
könnte. Zu einem großen Teil wird sich dies nicht verhindern lassen. Bei näherer Betrachtung gibt es aber auch Situationen, die wir
selbst – beispielsweise durch eine aufreizende Bemerkung oder
ein sonstiges Verhalten – hervorgerufen haben. Hier haben wir
selbst die Ursache für die Reaktion des anderen gesetzt. Solche
Fälle gilt es möglichst zu vermeiden, wobei sich als Mittel hierfür
vor allem die Pflege einer positiven Grundstimmung im zuvor beschriebenen Sinne sowie die überlegte Auswahl verbaler und nicht

verbaler Aktionen und Reaktionen empfiehlt. Auch gibt es Reizsituationen, die wir zwar nicht verursacht haben, die wir aber vorhersehen und problemlos hätten vermeiden können, so dass wir erst gar nicht in die Lage gekommen wären, den Reiz wahrzunehmen.

Tritt eine Situation verbaler oder nichtverbaler Natur ein, die dazu angetan ist, eine für unser Wohlbefinden negative Reaktion bei uns hervorzurufen, ist das nächste Ziel, das Entstehen negativer Gedanken und Gefühle, die zu einem negativen Verhalten führen könnten, zu vermeiden. Ob uns dies gelingt, hängt wesentlich von der mentalen Interpretation der betreffenden Situation und der damit verbundenen emotionalen Reaktion ab. Die ganz unterschiedliche Reaktion einer Vielzahl von Menschen auf den gleichen äußeren Reiz zeigt, wie verschieden man den gleichen Gegenstand beurteilen kann. Wir sehen oft nicht, was ist, sondern nur, was wir aufgrund unserer beschränkten Erfahrung, Vorstellung, Überzeugung, Empfindung, Mutmaßung etc. sehen können und wollen.[60] Millman betrachtet alle Bedeutungen und Interpretationen, die wir Ereignissen und Dingen geben, als unsere eigenen Erfindungen.[61] Dies und das Wissen um die vielen Fehldeutungen, die wir in unserem Leben schon gemacht haben, sollte uns bei der Beurteilung äußerer Faktoren vorsichtig stimmen und dazu veranlassen, Ruhe zu bewahren, emotionalen Abstand zu gewinnen, den Sachverhalt eingehend zu klären und ihn erst dann zu beurteilen. Wir sollten uns deshalb bemühen, Worte, Taten und Ereignisse möglichst unbefangen und sorgfältig aus den verschiedensten Perspektiven zu betrachten und hierbei auch an die Aufdeckung der hinter den Worten und Taten stehenden Ursachen und Motive zu denken. Vieles erscheint dann in einem ganz anderen, beim Betrachter oft Verständnis hervorrufenden Licht. Dies wird umso mehr der Fall sein, je intensiver wir uns um die Pflege einer positiven Grundstimmung im zuvor beschriebenen Sinne und um die selbstkritische Würdigung der unserer Interpretation zugrunde gelegten Beurteilungskriterien bemühen. Auf diese Weise können sorgfältige Sachverhaltsklärung, positive Grundstimmung und eine selbstkritische Haltung viel zur Vermeidung negativer Interpretationen und damit verbundener negativer Emotionen und Verhaltensweisen beitragen.

Beseitigen negativer Einstellungen und Verhaltensweisen
Kommt es dennoch zu einer negativen Emotion in uns, müssen wir alles daransetzen, dass diese uns nicht zu negativem verbalen oder nichtverbalen Verhalten verleitet. Hierzu müssen wir lernen, unsere negativen Gedanken und Gefühle zu beherrschen. Spüren wir zum Beispiel, wie Sorgen, Ärger, Angst, Wut, Hass, Neid, Bosheit und dergleichen in uns aufkommen, so müssen wir dies sofort als ein Alarmzeichen erkennen, dass es höchste Zeit ist, ruhig zu werden, innerlich Abstand zu nehmen und den Sachverhalt zu klären. Vor allem müssen wir uns die negativen Folgen vergegenwärtigen, die aus einem Negativverhalten für uns und die anderen entstehen können. Negative Gedanken, Gefühle und Verhaltensweisen beeinträchtigen nicht nur unseren inneren Frieden, sondern auch unser Urteilsvermögen und unsere körperliche Gesundheit. Unser Ziel muss also sein, unsere negativen Gedanken und Gefühle zu kontrollieren und möglichst schnell zu beseitigen, damit sie uns nicht zu einem negativen Verhalten führen, das weiteren Schaden bei uns und anderen hervorruft.

Für die Beseitigung negativer Einstellungen und Verhaltensweisen kommen verschiedene Möglichkeiten in Betracht. Die Beseitigung kann erfolgen durch:

- Analyse des Ereignisses, das zu der negativen Einstellung geführt hat,
- Zurückweisung der negativen Einstellung,
- Ersetzung der negativen Einstellung durch eine positive Einstellung,
- Umwandlung der negativen Einstellung in eine positive Einstellung,
- Aufhebung der Gründe für die negative Einstellung.

Die Mittel können einzeln und auch zusammen angewandt werden. Sie sollen im Folgenden am Beispiel des Umgangs mit Ärger, Sorgen und Angst erläutert werden.

Analyse des Ereignisses, das zu der negativen Einstellung geführt hat

Analysieren bedeutet denken, nicht fühlen – nachdenken über das den negativen Gefühlen zugrunde liegende Ereignis (z. B. Kritik/Beleidigung oder Eintritt eines Misserfolgs/Unglücks), losgelöst von den damit verbundenen negativen Gefühlen wie Ärger, Sorgen oder Angst, die oft dazu führen, dass man gar nicht mehr klar und objektiv denken kann. Wir müssen deshalb beim Analysieren Abstand von unseren Emotionen halten. Zum Denken gehört auch, für die Zukunft zu planen, ohne jedoch Angst vor der Zukunft zu haben.[62]

Bei der Analyse stellen sich verschiedene Fragen:
- Was stört mich?
- Worüber ärgere ich mich bzw. was bereitet mir Sorgen oder Angst und warum?
- Was sind die Ursachen für diese Störung?
- Habe ich die Störung (mit)verursacht?

- Was kann ich tun?
- Was kann ich aus dieser Störung lernen und künftig besser machen?
- Welche Bedeutung hat das Geschehen im Hinblick auf meine großen Lebensziele und kurze Lebenszeit?
- Ist es nicht eine Kleinigkeit, die es nicht wert ist, mein Wohlgefühl dafür eine Zeit lang aufzugeben? – Die gleiche Frage stellt sich, wenn ich mich gedanklich an das Ende meines Lebens versetze und das betreffende Geschehen aus dieser zeitlichen Distanz beurteile.

Eine weitere Frage stellt sich bezüglich der Beseitigung negativer Gefühle, die sich, wie Sorgen und Ängste, auf die Zukunft beziehen:

Wie groß ist die Wahrscheinlichkeit, dass die Dinge, über die ich mir Sorgen mache, überhaupt eintreten? Oft tritt das befürchtete Ereignis nämlich gar nicht ein.[63] Tritt es dennoch ein, haben meine Sorgen und Ängste daran jedenfalls nichts geändert. Ich muss die Wirklichkeit so annehmen, wie sie ist. Tritt das Ereignis nicht ein, habe ich mich umsonst gesorgt und geängstigt. In beiden Fällen bringen mich Sorgen und Ängste nicht weiter, sondern schaden nur. Als weiteres Hilfsmittel gegen Sorgen und Ängste schlägt Carnegie im Anschluss an Willis Carrier vor, sich die schlimmstmöglichen Folgen des befürchteten Ereignisses vorzustellen, sich gedanklich mit dessen Eintritt abzufinden und sodann mit allen Kräften zu versuchen, die schlimmstmöglichen Folgen abzumildern oder zu vermeiden.[64]

Die Beantwortung all dieser Fragen kann zu einer Neutralisierung und damit Aufhebung des Unwohlseins (Ärger, Sorgen, Ängste) führen.

Zurückweisung der negativen Einstellung

Hier wird die negative Einstellung mental sofort zurückgewiesen nach dem Motto: Ich will mich nicht ärgern und auch keine Sorgen und Ängste haben, denn diese schaden nur meiner Gesundheit und Zufriedenheit, nehmen mir Energie und hindern mich in meiner Weiterentwicklung. Ich will anderen keine Macht über mein Wohlbefinden geben. Nichts kann mich beunruhigen, wenn ich es nicht zulasse.[65]

Ersetzung der negativen Einstellung durch eine positive Einstellung

Beim Ersetzen der negativen Einstellung durch eine positive Einstellung wenden wir uns vollständig von der negativen Einstellung ab und konzentrieren uns ganz auf die positiven Seiten in unserem Leben, auf Faktoren, die geeignet sind, uns in einen Zustand des Wohlbefindens zu versetzen. Hierfür bietet sich die Anwendung der vorgenannten sechs Grundstimmungswohlfaktoren (Zufriedenheit, Dankbarkeit, Liebe, Freude, Vertrauen und Zuversicht) an. Wir lenken uns also von den Faktoren ab, die zu unserer negativen Interpretation und Reaktion geführt haben, indem wir unsere Aufmerksamkeit auf Umstände richten, die uns zum Beispiel zufrieden und dankbar stimmen.

Als Mittel zur Ablenkung und damit Aufhebung der negativen Einstellung kommt weiterhin Folgendes in Betracht:[66]

- Sich ganz auf die Gegenwart konzentrieren; die Vergangenheit ist vorbei, die Zukunft noch nicht da, nur in der Gegenwart können wir handeln.
- Sich intensiv körperlich oder geistig betätigen; schnelles Gehen oder Laufen, Krafttraining, anstrengende Arbeit.

- Etwas Gutes für sich oder andere tun wie spazieren gehen, Musik hören, etwas Schönes ansehen, sein Lieblingsessen kochen oder anderen helfen; Freude machen, macht Freude.

Umwandlung der negativen Einstellung in eine positive Einstellung

Unsere negative Einstellung können wir auch dadurch aufheben, dass wir die negative Einstellung in eine positive Einstellung transformieren. Dies geschieht zum Beispiel, wenn wir uns die Verantwortung für unsere negative Einstellung bewusst machen und uns konstruktiv ihrer Heilung zuwenden. Wir betrachten unsere negative Einstellung dann als einen Lernstoff, der uns lehren soll, wie wir es das nächste Mal besser machen können, damit es gar nicht erst zu einer Beeinträchtigung unseres Wohlbefindens kommt. Dies geschieht zum Beispiel, wenn wir das Ereignis, das unserer negativen Einstellung zugrunde liegt und uns Sorgen macht, wie eine bevorstehende Prüfung oder Kritik oder ein Misserfolg, nicht als ein leidvolles Problem, sondern als eine Gelegenheit oder ein Mittel für unsere persönliche Entwicklung ansehen. Die Umwandlung einer negativen Einstellung in eine positive Einstellung liegt auch dann vor, wenn wir uns in die Lage des anderen, der uns geärgert oder verletzt hat, versetzen, für sein Verhalten Verständnis aufbringen und ihm verzeihen oder vergeben. Man kann die Umwandlung der negativen Einstellung auch als einen Unterpunkt der zuvor behandelten Ersetzung einer negativen Einstellung durch eine positive Einstellung ansehen.

Aufhebung der Gründe für die negative Einstellung

Unsere negative Einstellung und das damit verbundene negative Verhalten können wir schließlich auch dadurch für die Zukunft beseitigen, dass wir die Gründe, die uns zu der negativen mentalen und emotionalen Reaktion geführt haben, ermitteln und beseitigen und damit die mentalen und emotionalen Voraussetzungen für die gewünschte neue positive Einstellung/Verhaltensweise schaffen. Dispenza nennt diese Vorgehensweise *Verlernen und Lernen*.[67]

Unsere Interpretationen und Verhaltensweisen beruhen weitgehend auf unseren Ansichten, Überzeugungen und Glaubenssätzen. Diese haben wir oft ungeprüft von unseren Eltern und sonstigen Personen übernommen. Sind diese Auffassungen fehlerhaft, so führt dies zu fehlerhaften Urteilen und Reaktionen. Berichtigen wir unsere fehlerhaften Grundsätze, indem wir sie *verlernen* und zutreffende Grundsätze *lernen*, kommen wir zu richtigen Interpretationen und Reaktionen.

Gründe für das Entstehen negativer Einstellungen und Verhaltensweisen können beispielsweise sein:
- keine Verantwortung für sein Wohlbefinden und sein Leben zu übernehmen,
- das Glück außerhalb seiner selbst zu suchen,
- zu erwarten, dass andere Menschen die Bedürfnisse von einem erfüllen und, wenn dies nicht geschieht, ihnen die Schuld dafür zuzuweisen und eine Opferhaltung einzunehmen,
- andere als Objekt, bloßes Mittel für die Befriedigung eigener Wünsche und Bedürfnisse zu behandeln,
- sie wegen ihres Verhaltens zu be- und verurteilen,
- sie offen oder subtil verdeckt zu beherrschen oder mit allen Mitteln besiegen zu wollen,
- unbedingt Recht haben und seinen Willen durchsetzen zu wollen,
- sich für Groll und Unfrieden zu entscheiden,
- nicht loslassen zu können von Abhängigkeiten und unnötigen Bedürfnissen.

Mit der nachhaltigen Aufhebung der einzelnen Grundlage entfällt auch die Basis für die durch sie verursachte negative Beurteilung und Emotion im konkreten Einzelfall in der Gegenwart und generell in der Zukunft. Dies ist der erste Schritt für die Veränderung, das Verlernen.

Der zweite Schritt für die nachhaltige Begründung der neuen Einstellung ist das Lernen, nämlich die dauerhafte Einübung der Geistes- und Gefühlshaltung, die zu der gewünschten neuen positiven Einstellung und Verhaltensweise führt. Kennzeichnend für die neue Einstellung ist zum Beispiel:

- die Übernahme der Verantwortung für das eigene Denken, Fühlen und Handeln,
- das Glück in sich und nicht außerhalb zu suchen,
- nicht zu erwarten, dass andere dazu da sind, einem Wünsche zu erfüllen,
- andere stets als Subjekt mit eigener Würde und eigenen Aufgaben (insbesondere sich zu entfalten und für ihr Wohl zu sorgen) und nicht als bloßes Objekt zu behandeln,
- sich zu bemühen, andere zu verstehen, ihnen zu vergeben und zu helfen, statt sie zu verurteilen,
- sich für Frieden und gegen Groll zu entscheiden,
- nach Unabhängigkeit, Freisein von Abhängigkeiten und überflüssigen Bedürfnissen zu streben.

Die Beseitigung der negativen Einstellung durch Aufhebung von deren Gründen ist von so großer Bedeutung für die Wiederherstellung oder Aufrechterhaltung unseres inneren Friedens, dass sie abschließend noch einmal an einem Beispiel verdeutlicht werden soll:

Das Buch geht von der Annahme aus, dass jeder Mensch für sein Wohlbefinden sorgen soll. Jeder ist danach grundsätzlich selbst für sein Wohl und damit auch für seine Gedanken, Gefühle, Einstellungen und Handlungen verantwortlich. Unsere Zufriedenheit und unser Glück hängen weitgehend von unseren Einstellungen und Reaktionen ab und nicht vom Verhalten anderer. Wir können nicht fordern oder erwarten, dass andere Menschen unsere Bedürfnisse erfüllen oder das Leben sich nach uns richtet. Im täglichen Leben verhalten wir uns allerdings in der Regel ganz anders. Wir erwarten und fordern zumindest stillschweigend, dass andere sich so verhalten, dass es uns recht ist. Werden wir in dieser Erwartung enttäuscht, sind wir verärgert, weisen anderen die Schuld dafür zu und ergehen uns in der Opferrolle und in Selbstmitleid. Geben wir nun unsere egoistische Haltung, die unserer Opferrolle zugrunde liegt, auf und erkennen, dass unser innerer Frieden und unser Glück nicht von den anderen, sondern letztlich allein von uns selbst abhängen, entfällt damit auch die Basis für den Dissens mit unseren Mitmenschen und für unser Unwohlsein. Die entsprechende Folge tritt ein, wenn wir von anderen egoistischen Bestrebungen ablassen, wie zum Beispiel von dem Ziel, andere beherrschen oder übertrumpfen oder stets recht haben zu wollen.

c) Auf geistige Ernährung und Entspannung achten

Unsere Grundstimmung hängt schließlich auch von der Qualität unserer geistigen Ernährung und von unserer Entspannung ab.

Unsere geistige Ernährung besteht zu einem großen Teil aus den Informationen und Erlebnissen, die wir durch unsere sozialen und spirituellen Kontakte sowie die Medien erhalten und erfahren. Hier sollten wir wählerisch sein und bei der Auswahl auf Qualität (wie komprimierte, gut aufbereitete Tagesinformationen, inspirierende spirituelle Lektüre, kulturelle Erlebnisse etc.) statt auf Quantität setzen. Hierzu gehört auch, vorzugsweise mit Menschen zu verkehren, die eine positive Grundstimmung ausstrahlen.

Daneben können wir auf Dauer nur dann körperlich und geistig-seelisch gesund und produktiv bleiben, wenn wir uns nicht nur arbeitsmäßig anspannen, sondern auch immer wieder ausreichend entspannen. Es gilt, wiederholt die Anspannung loszulassen und zu einem Gleichgewicht von Arbeit und Muße, Beruf und Privatem (Familie, Freunde, Hobbys) zu gelangen. Verschiedene Mittel bieten sich hierfür an:

- Loslassen von allen körperlichen und geistig-seelischen Anspannungen wie muskulären Verspannungen und Ärger, Sorgen und Angst,
- Stillsein, Schweigen und die Anwendung von Entspannungstechniken wie Meditation,
- ausreichend Pausen bei der täglichen Arbeit und auch sonst im Jahresverlauf einlegen; hervorzuheben ist hier vor allem der Erholungswert von Naturerlebnissen (Ursprünglichkeit, Stille, Schönheit, Harmonie), Kulturerlebnissen (Musik, Gesang, Tanz, Literatur etc.) und Sozialerlebnissen im zwischenmenschlichen Bereich (wie ein guter Gedankenaustausch, gemeinsame Unternehmungen, Einsatz für andere).

3. Für sein körperliches Wohl sorgen

a) Positive Einstellung und Verhalten gegenüber dem Körper

Existenzielle Grundlage für unser Wohlbefinden ist unser Körper. Unentwegt, zuverlässig und mit vollem Einsatz sorgt er für unseren Fortbestand. Betrachten wir die »sekündlich millionenfach in Milliarden von Zellen auf vollendete Weise ablaufenden Prozesse«[68] in unserem Körper, so erweist sich dieser als ein wahres Wunderwerk, dem höchste Anerkennung, aufrichtiger Dank und unsere Fürsorge gebührt.

Das Wohl unseres Körpers hängt zum Teil von unseren Anlagen und der Umwelt, zu einem ganz wesentlichen Teil jedoch von unserer Einstellung und unserem Verhalten gegenüber unserem Körper ab. Lieben wir unseren Körper und sehen wir uns in Gedanken, Gefühlen und Überzeugungen als einen gesunden, vitalen und starken Menschen und verhalten uns entsprechend, wirkt sich dies unweigerlich positiv auf unser körperliches Befinden aus. Sehen wir uns dagegen in Gedanken als einen schwachen, kranken, bedauernswerten Menschen und verhalten uns demgemäß, hat dies zwangsläufig negative Folgen für unser Befinden und alles, was damit zusammenhängt.

Unser körperliches Wohl hängt also wesentlich von unserem Geist und unserer Seele ab. Diese Abhängigkeit besteht nicht nur zeitweise, sondern ständig. Körper, Geist und Seele sind Teile eines Ganzen, jederzeit miteinander verbunden, und beeinflussen sich wechselseitig. Unser Körper ist keine Maschine, die sich höchstens abnutzt, aber sonst nicht verändert, sondern ein *ganzheitlicher, dynamischer Prozess*, der sich ständig verändert.[69] So haben neurowissenschaftliche Untersuchungen ergeben, dass Bewusstseinsänderungen auch Änderungen im Gehirn bewirken und diese sich wiederum auf unser körperliches Wohlbefinden auswirken. Unsere Gedanken, Gefühle, Vorstellungen, Wünsche und Erwartungen beeinflussen also ganz wesentlich unseren Körper.[70] Indem wir sie ändern, ändern wir auch unseren Körper und können ihn auf diese Weise verbessern und heilen oder die Heilung maßgeblich unterstützen.

Für unser körperliches Wohl ist dementsprechend zweierlei bedeutsam: unsere Einstellung gegenüber dem Körper und dem Leben allgemein (innere, geistige Körperpflege) und unser Verhalten gegenüber dem Körper (äußere Körperpflege).

Die *innere Körperpflege* schlägt sich zunächst einmal in unserer Einstellung gegenüber dem Körper nieder. Der Körper verdient, dass wir nicht nur im Notfall, bei Auftreten von Unpässlichkeiten und Schmerzen an ihn denken, gegebenenfalls sogar aufgebracht und vorwurfsvoll, sondern ihm vielmehr täglich für seine treuen Dienste danken. Je mehr liebevolle Aufmerksamkeit wir ihm zukommen lassen, desto positiver wirkt sich dies nicht nur auf unser seelisches, sondern auch auf unser körperliches Wohlbefinden aus.

In teilweiser Anlehnung an die Ausführungen von Chopra[71] sollte unsere Einstellung gegenüber dem Körper von folgenden Leitzielen geprägt sein:

- den Körper liebevoll wertzuschätzen,
- ihm zu danken,
- ihm zu vertrauen wie einem zuverlässigen Freund, insbesondere seiner Stärke und Selbstheilungskraft,
- die Hinweise des Körpers zu beachten (Empfindungen und Beschwerden sind Signale, Botschaften des Körpers, der uns auf etwas aufmerksam machen, zu etwas auffordern will, bevor es vielleicht zu spät ist),
- auf den Körper Rücksicht zu nehmen (Chopra erwähnt hier beispielhaft den Nutzen geregelter Tagesrhythmen – Arbeits-, Essens-, Schlafenszeiten – und Ruhepausen wie z. B. alle paar Stunden einige Dehn- und Streckübungen), dem Körper nicht zu viel abzuverlangen, stressreiche Situationen möglichst zu meiden[72] und
- sich in seinem Körper wohlzufühlen.[73]

Zur inneren Körperpflege gehört – wegen der allgemeinen Bedeutung unserer Gedanken und Gefühle für unser Befinden – ferner alles, was zu einer positiven Grundstimmung/Lebenseinstellung beiträgt. Sind wir zufrieden und dankbar, liebe- und freudvoll, vertrauend und zuversichtlich, so wirkt sich das nicht nur auf unser psychisches, sondern auch auf unser physisches Wohl positiv aus.

Die *äußere Körperpflege* ergänzt die innere Körperpflege und zeigt sich in unserem Verhalten gegenüber dem Körper. Hierzu gehören insbesondere folgende Maßnahmen:

- angemessene Körperhygiene,
- gesunde Ernährung,
- genügend Bewegung und körperliche Betätigung, Sport, körperliche Entspannung; wegen der Wechselwirkung von Körper, Geist und Seele gehören hierher auch alle Entspannungstechniken wie Autogenes Training oder Meditation,
- ausreichender Schlaf.

Die äußeren Maßnahmen sind umso wirkungsvoller, je mehr sie von einer positiven, dem Körper wohlwollenden Einstellung getragen werden. Es ist deshalb wichtig, die äußere Körperpflege mit der inneren Körperpflege zu verbinden, indem wir uns beispielsweise nicht nur gesund ernähren oder ausreichend entspannen, sondern dies jeweils auch mit positiven Gedanken und Gefühlen begleiten, zum Beispiel mit dem Bewusstsein, unseren Körper damit zu stärken.

b) Positive Einstellung und Verhalten gegenüber der Krankheit
Treten erste Zeichen einer Krankheit auf oder sind wir schon krank, so gilt es, schnell wieder gesund zu werden. Hierzu müssen wir die Zeichen unseres Körpers beachten, deren Ursachen erforschen, unsere Geisteskräfte für unsere Selbstheilung einsetzen und bei Bedarf Fachleute (Ärzte und Psychotherapeuten etc.) für die Diagnose und Therapie heranziehen.

Zunächst einmal gilt es, wachsam zu sein und möglichst schon im Frühstadium die Anzeichen einer Krankheit festzustellen.

Krankheiten und ihre Symptome sind Botschaften des Körpers. Es sind Warnzeichen, die uns Grenzen aufweisen und dazu auffordern, etwas zu ändern. Es ist also wichtig, auf unseren Körper zu hören, um die betreffenden Botschaften möglichst früh wahrzunehmen.

Zeigen sich Symptome einer Krankheit, also Hinweise, dass etwas mit unserem Körper nicht stimmt, stellt sich die Frage nach deren Ursachen, damit anschließend eine wirksame Ursachenbehandlung statt einer bloßen Symptombehandlung eingeleitet werden kann. Dabei ist nach möglichen körperlichen, geistigen, seelischen und sozialen Ursachen zu forschen. Hierbei können auch unser bisheriges Denken und Handeln und deren Motive wertvolle Hinweise auf versteckte, selbst gesetzte Ursachen geben.

Sodann geht es um die Heilung, die Wiederherstellung der Gesundheit durch, soweit möglich, Beseitigung der Ursachen, hilfsweise auf andere Weise. Hier ist zunächst jeder selbst gefordert, seine Selbstheilungskräfte einzusetzen. In Gestalt seiner Vorstellungs-, Gefühls-, Willens- und Glaubenskraft hat er Mittel in der Hand, selbst erheblich zu seiner Gesundung beizutragen. Diese Mittel sind voll und ganz auf das gewünschte Ziel auszurichten, damit die körpereigenen Abwehr- und Gesundungskräfte zu aktivieren und so die Heilung förmlich anzuziehen. Der bekannte Placeboeffekt in der Medizin hat oft genug die Wirksamkeit dieser Methode bewiesen. An die Krankheit zu denken, diesbezüglich ängstliche und sorgenvolle Gedanken zu hegen und darüber zu reden, ist der falsche Weg. Je mehr ich mich auf die Krankheit konzentriere und von ihr rede, desto stärker wird sie, denn Negatives zieht Negatives an. Richtig ist, sich von negativen Gedanken und Gefühlen wie Ärger, Sorgen, Hass, Neid etc. zu befreien und stattdessen fest an die körpereigenen Heilungskräfte zu glauben, sie mit positiven, Gesundheit bejahenden Gedanken und Gefühlen zu aktivieren und den gewünschten Heilungsprozess sowie die anschließende Heilung innerlich mit Dankbarkeit zu visualisieren. Es gilt, seinem Körper und seinen Heilungskräften möglichst viele positive Gedanken und Gefühle wie Liebe, Freude, Zuversicht und Dankbarkeit zukommen zu lassen und damit möglichst viele positive Energien zum Fließen zu bringen. Auf diese Weise ist jeder zunächst selbst sein bester Arzt und Apotheker, unbeschadet der Möglichkeit, bei Bedarf einen Fachmann aufzusuchen.

c) Positive Einstellung und Verhalten gegenüber dem Alter
Das Alter ist eine Lebensphase und keine Krankheit. Da es jedoch oft mit dem Gedanken fehlender Gesundheit assoziiert wird, wird es hier mitbehandelt. Harrold unterscheidet drei Begriffe des Alters: das chronologische Alter, das biologische Alter und das psychologische Alter.[74]

- Das chronologische Alter gibt die Lebenszeit in Jahren, Monaten und Tagen an. Es wird kalendermäßig berechnet und ist von uns unabhängig.

- Das biologische Alter bezeichnet das Alter gemessen an den Zellprozessen und Alterserscheinungen, die erfahrungsgemäß im fortschreitenden (chronologischen) Alter mehr und mehr auftreten (Nachlass der Organfunktionen, Schwinden der Kräfte, Schmerzen etc.). Es ist von Mensch zu Mensch verschieden und kann vom chronologischen Alter erheblich abweichen.

- Das psychologische Alter richtet sich danach, wie jung oder wie alt man sich fühlt und in seinem Denken und Handeln verhält. Es hängt von unseren Gedanken und Gefühlen, Zielen, Überzeugungen und Taten ab. Wir können es jederzeit durch Änderung unserer Einstellung und unseres Verhaltens ändern. Es hat großen Einfluss auf den Alterungsprozess und damit auf das biologische Alter.[75]

Für unser Wohlbefinden ist unser chronologisches Alter von keiner Bedeutung, unser biologisches Alter von geringerer Bedeutung, unser psychologisches Alter von sehr großer Bedeutung.

Unser psychologisches Alter hängt von unserer Geisteshaltung und unserem Verhalten gegenüber dem chronologischen Alter ab. Wollen wir uns im Alter wie jung gebliebene Erwachsene fühlen und verhalten, müssen wir uns bewusst machen, dass dies von unseren Gedanken, Vorstellungen, Gefühlen und unserer Willens- und Glaubenskraft abhängt. Wie bei der Einstellung gegenüber dem Körper und der Krankheit gilt es auch hier, sich mit allen Geisteskräften auf das zu konzentrieren, was man will (Jungsein im Sinne von freudigem, aktivem Streben nach immer höheren Zielen), und nicht auf das, was man nicht will (Altsein im Sinne von Altersschwäche, einem Zustand ohne Schwung und Interessen, ohne Ziele und ohne Tatkraft).

Die Devise lautet also: sich jung und gesund denken und fühlen und entsprechend verhalten. Hierzu gehört insbesondere:
- nicht an das chronologische oder biologische Alter zu denken, sondern davon auszugehen, dass man sehr lange lebt,
- selbstständig und selbstverantwortlich zu sein,
- geistig, körperlich und sozial aktiv zu sein, voller Energie und Tatkraft anspruchsvolle und erreichbare Ziele zu verfolgen,
- offen zu sein für neue Erfahrungen, Neues zu lernen, das Alter als Chance zu begreifen und sich mit Dingen zu beschäftigen, für die während der Berufszeit keine Zeit war,
- Interesse und Verständnis für die Belange der Mitmenschen und der Gemeinschaft zu haben und zu zeigen,
- sich seines Lebens zu freuen, humorvoll zu sein, so oft wie möglich zu lachen.

Zu einer positiven Einstellung gegenüber dem Alter gehört schließlich auch, den Tod möglichst nicht als ein Ende unserer Existenz, sondern als einen Übergang von einem körperlichen in einen nicht körperlichen Zustand anzusehen, in dem unsere Essenz – Geist, Seele, Energie, egal wie wir es nennen – weiterlebt. Bei dieser Sichtweise betrachten wir unser körperliches Leben nur als einen Teil einer größeren Ordnung, die über unser irdisches Dasein hinausgeht, und müssen uns deshalb nicht vor dem Tod unseres Körpers fürchten.

4. Für sein Arbeitswohl sorgen

a) Möglichst eine Arbeit ausführen, die den eigenen Fähigkeiten und Interessen entspricht und Freude macht

Arbeit und Leistung – beides gehört zusammen – sind in mehrfacher Hinsicht für unser Wohlbefinden bedeutsam. In materieller Hinsicht dienen sie vor allem dem Gelderwerb für unseren Lebensunterhalt und unsere wirtschaftliche Unabhängigkeit und Sicherheit und damit für unsere körperliche und geistig-seelische Gesundheit. In ideeller Hinsicht dienen sie uns als Mittel der Selbstverwirklichung.

Arbeit gibt uns die Gelegenheit, unsere Fähigkeiten anzuwenden und zu entwickeln, eine Leistung für uns und andere zu erbringen und damit innere Befriedigung und soziale Anerkennung zu erlangen. Sie erfüllt so unser Bedürfnis, etwas zu bewirken, zu leisten, etwas Sinnvolles zu tun und dafür innere und äußere Wertschätzung zu erfahren. Die Bedeutung dieser sinnstiftenden Funktion der Arbeit für die Zufriedenheit zeigt sich besonders, wenn man sich das Los unfreiwillig Arbeitsloser vor Augen hält. Ihre Kräfte und Fähigkeiten sind nicht gefragt und liegen brach. Ohne Arbeit keine Leistung, ohne Leistung kein Erfolg und ohne

Erfolg keine materielle und ideelle Wertschätzung. So geraten sie sehr schnell in wirtschaftliche Not und in eine gesellschaftliche Randzone, verbunden mit tiefer Unzufriedenheit bis hin zur Vorstellung der Sinnlosigkeit des eigenen Daseins. Die Arbeit ist nach alledem für ein zufriedenstellendes Leben von größter Bedeutung. Sie dient nicht nur unserem materiellen, sondern auch unserem geistigen und sozialen Wohl. Sie ist Mittel zu diesen Zwecken und nicht Selbstzweck. Wir arbeiten, um zu leben, und nicht umgekehrt.

Wir müssen deshalb unsere besonderen Talente, Fähigkeiten und Interessen erkennen und eine Beschäftigung suchen, die uns wichtig ist, uns Freude macht und bei der wir unsere Stärken anwenden und ausbauen können. Hierzu müssen wir uns fragen:

- Was will ich wirklich in meinem Leben erreichen?
- Was ist mir ein tiefes inneres Bedürfnis?
- Wofür will ich mich voll und ganz einsetzen?
- Welche Tätigkeit liegt mir und erfüllt mich mit Freude und Begeisterung?
- Was macht mein Leben erfüllt und sinnvoll?
- Welchen Beitrag kann ich für das Wohl anderer und der Gemeinschaft leisten?

b) Sich positiv auf seine Arbeit einstellen

Wir müssen uns positiv auf unsere Arbeit einstellen, auch wenn sie uns nicht zusagt und wir deshalb nach einer anderen Beschäftigung Ausschau halten. Die Arbeit gibt uns die Möglichkeit zu lernen, unsere Kräfte zu entwickeln und unser Leben zu gestalten.

Unsere Gedanken und Gefühle, die wir mit der Arbeit verbinden, sind hierfür sehr wichtig. Ziel ist es, die Arbeit in einen größeren Sinnzusammenhang zu stellen, sie in einer positiven Grundstimmung auszuführen und dabei sein Bestes zu geben. Hierzu gehört auch die Kunst, eine Routinearbeit interessant zu gestalten, sowie die Aufgabe, leistungsorientiert zu arbeiten, denn nicht allein die Arbeit, sondern auch die mit ihr erbrachte Leistung verschafft uns die Befriedigung unserer Bedürfnisse. Zur leistungsorientierten Arbeit gehört auch lebenslanges Lernen, um unsere Arbeit ständig zu verbessern. Im Idealfall führen wir unsere Arbeit mit großer Hingabe, mit Leib und Seele aus. Dann gehen wir in ihr so auf, dass wir vor lauter Engagement, innerer Freude und Begeisterung die Zeit über die Arbeit völlig vergessen.

c) Grenzen der Arbeit und des Leistungsstrebens beachten

Wir müssen schließlich die Grenzen der Arbeit und des Leistungsstrebens beachten. Arbeit hat eine dienende Funktion. Sie dient unserer körperlichen und geistig-seelischen Selbsterhaltung und Selbstentfaltung. Geht die Arbeit erheblich zulasten anderer wichtiger Aufgaben, zum Beispiel der Gesundheit oder des spirituellen oder sozialen Wohls, so läuft sie Gefahr, ihr Ziel zu verfehlen. Fortdauernde Überarbeitung oder Rackern wie ein Hamster im Tretrad übersteigen die Grenzen sinnvoller Arbeit. Sie führen zu Unzufriedenheit, genauso wie das übersteigerte Streben nach materiellen Gütern. Um dauerhaft zufrieden sein zu können, dürfen wir die Grenzen der Arbeit nicht überschreiten und müssen Arbeit und Muße, Spannung und Entspannung in ein ausgewogenes Verhältnis bringen.

5. Für sein materielles Wohl sorgen

a) Für einen Grundbestand an materiellen Gütern sorgen

Neben der geistig-seelischen und körperlichen Gesundheit sowie der Arbeit ist die Befriedigung unserer elementaren materiellen Bedürfnisse für unser Wohlbefinden von großer Bedeutung. Wir brauchen dauerhaft einen angemessenen Grundbestand an materiellen Gütern für uns und die uns anvertrauten Personen, um ein zufriedenstellendes Leben führen zu können. Hierzu benötigen wir insbesondere das Erforderliche für eine gesunde Ernährung und Kleidung, für Wohnen, Aus- und Weiterbildung, nötige Gesundheits-, Arbeits- und Fortbewegungsmittel, eine angemessene Vorsorge für anstehende und zu erwartende wichtige Investitionen, für Notfälle und für das Alter. Materielle Güter dienen aber auch unserem sozialen und spirituellen Wohlbefinden. Erst ein gewisses Maß an materiellem Wohlstand gibt uns die wirtschaftliche Unabhängigkeit und Sicherheit, uns im sozialen und spirituellen Bereich unseren Vorstellungen entsprechend zu entfalten. Wir haben also die Aufgabe, für einen Grundbestand an materiellen Gütern für uns und die uns Anvertrauten zu sorgen.

b) Weitere materielle Ziele: In guten Wohnverhältnissen leben etc.
Mit dem *Grundbestand an materiellen Gütern* ist das für jeden Menschen zu einem menschenwürdigen Leben Erforderliche gemeint. Daneben hat jeder je nach Bedürfnis und Wunsch weitere, über diesen Grundbestand an materiellen Gütern in Art und Umfang hinausgehende materielle Ziele. Hierzu gehört sehr häufig der Wunsch, in guten, also nicht nur ausreichenden Wohnverhältnissen zu leben. Unsere Wohnverhältnisse sind für unser Wohlbefinden von erheblicher Bedeutung. Sie beeinflussen nicht nur unsere körperliche und geistig-seelische Gesundheit, sondern auch unser spirituelles und soziales Wohl und sollen deshalb hier kurz mitbehandelt werden.

Kennzeichnend für die Wohnverhältnisse sind vor allem die Wohnung mit ihrer Größe, Ausstattung, Luft-, Licht- und Lärmverhältnisse, die Wohnungseinrichtung und die Wohnumgebung, insbesondere
*   das wirtschaftliche Umfeld (Geschäfte, Dienstleistungsbetriebe, Arbeitsstätten),

- das soziale Umfeld (Nachbarn, Bevölkerung, Altersstruktur, Mentalität, Ortsverbundenheit),
- das kulturelle Umfeld (Bildungseinrichtungen, Schulen, Bibliotheken, Museen, Theater),
- das medizinische Umfeld (Ärzte, Apotheken, Krankenhäuser),
- das natürliche Umfeld (Freizeitwert, klimatische Verhältnisse),
- die Verkehrsanbindung.

Zur Sorge für das Eigenwohl gehört auch die Aufgabe, für die eigenen Wohnverhältnisse zu sorgen. Hierzu müssen wir unsere diesbezüglichen Wünsche und Bedürfnisse klären, ihre Bedeutung im Vergleich zu unseren anderen Bedürfnissen ergründen und das Ergebnis mit unseren finanziellen Möglichkeiten abstimmen. Gegebenenfalls müssen wir bei der Erfüllung unserer Wünsche schrittweise vorgehen und uns vorerst mit einem *Weniger* zufriedengeben. Stets ist jedoch bei der Entscheidungsbildung zu beachten, dass das Wohnen dem Leben und damit auch der Erfüllung unserer spirituellen und sozialen Bedürfnisse dient und dass nicht umgekehrt auf Kosten dieser anderen Bedürfnisse ein Großteil der Lebenszeit für die Finanzierung und Erhaltung der gewünschten Wohnverhältnisse aufgewandt wird.

c) Grenzen des materiellen Wohlstandsstrebens beachten
Dies wirft die Frage nach der Bedeutung und den Grenzen des materiellen Wohlstandsstrebens für unser Wohlbefinden auf. Nach den Verheißungen, mit denen uns Wirtschaft und Werbung überziehen, hängt unser Wohlbefinden entscheidend von unserem Haben ab. Immer mehr und immer besser heißt die Devise. Auf diese Weise werden Konsum- und Kreditbedürfnisse geweckt, wird das Geld zum zentralen Thema.

Dagegen spricht jedoch, dass es viele Menschen gibt, die materiell sehr gut versorgt und trotzdem unzufrieden sind, während umgekehrt viele Menschen trotz bescheidener materieller Verhältnisse mit ihrem Leben zufrieden sind. Der Unterschied der beiden Gruppen ist oft in ihren unterschiedlichen Wertvorstellungen begründet. Während die Unzufriedenen primär das Haben, den äußeren Reichtum, anstreben, geht es den Zufriedenen häufig um etwas anderes, nämlich das Sein, den inneren Reichtum.

Geht es primär um das Haben, so führt dies zu dem Teufelskreis des Immer-mehr-haben-Wollens. Hierbei geht es ständig um den Vergleich von dem, was andere bereits haben und man angeblich haben soll, mit dem, was man nicht hat. Dies erzeugt Ehrgeiz, Gier, Neid und Rücksichtslosigkeit und fördert eine egoistische Haltung. Außerdem muss der Einzelne, um das Ziel (ein größeres Auto, eine bessere Wohnung oder eine teurere Freizeitbeschäftigung etc.) zu erreichen, in der Regel immer mehr arbeiten. Das bedeutet weniger Freizeit, weniger Entspannung, weniger Gesundheit, weniger Zeit für die geistige Entwicklung und menschliche Kontakte, weniger oder gar keine Zeit, sich der vorhandenen Güter zu erfreuen. Damit einher geht die Sorge um den Erhalt der materiellen Güter. Im Ergebnis wird Wohlbefinden an Besitztum und damit an Äußerlichkeiten geknüpft. Wirtschaftliche Werte, wie Umsatz und Gewinn, verdrängen spirituelle und menschliche Werte. Dies alles fördert nicht den inneren Frieden, führt vielmehr zu immer mehr Unzufriedenheit.

Und warum ist dies so? Weil dabei übersehen wird, dass materieller Wohlstand für das Ziel des nachhaltigen Wohlbefindens nicht Selbstzweck, sondern nur ein Mittel zu diesem Zweck sein kann. Materielle Güter sollen uns dienen, indem sie uns die Basis für unser körperliches, geistiges und soziales Wohl geben, nicht aber sollen wir im Dienst des materiellen Wohlstands stehen.

Im Ergebnis lässt sich also festhalten, dass ein gewisser Grundbestand an materiellen Gütern für unser Wohlbefinden zwar nötig, aber keineswegs ausreichend ist, und dass ein anhaltendes Streben nach immer größerem äußeren Besitztum unserem Wohlbefinden durchaus Schaden zufügen kann.

Materielles Wohlstandsstreben muss also beschränkt werden. Es darf nicht zum Hauptzweck unseres Lebens werden, sonst geht das auf Kosten unserer persönlichen Entwicklung und der Menschlichkeit im zwischenmenschlichen und gemeinschaftlichen Bereich. Es gibt Dinge im Leben, die wichtiger sind als Umsatz und Gewinn. Man denke nur an die inneren Werte wie Verständnis, Mitgefühl, Herzenswärme, Freundschaft, Liebe, Offenheit, Wahrheit und Weisheit. Auf das Sein (den inneren Reichtum), nicht auf das Haben (den äußeren Reichtum) kommt es letztlich an. Wir müssen deshalb, wie schon bei der Erörterung der Zufriedenheit erwähnt, unsere materiellen Wünsche beschränken, mäßigen und in diesem Rahmen ein zufriedenes Leben führen.

Als Mittel für die Beschränkung unserer materiellen Wünsche kommen zwei Fragen in Betracht, die man sich beim Auftreten materieller Wünsche stellen sollte:

- Brauche ich das wirklich für mein Wohlbefinden, für meinen inneren Frieden (Bedürfnisprüfung, Angemessenheitsprüfung)?
  - Warum und wozu brauche ich es?
  - Ist es nötig oder nur nützlich oder keines von beiden?
  - Dient es dem echten Wohl oder nur Äußerlichkeiten wie dem eigenen Image oder der vermeintlichen Verdeckung eigener Schwächen oder Minderwertigkeitsgefühlen?[76]
- Kann ich mit der Zeit und den Mitteln, die ich für den Erwerb des erwünschten Gegenstandes aufwenden müsste, sinnvoller, verantwortungsvoller umgehen, zum Beispiel für meine geistige Weiterentwicklung oder für die Unterstützung anderer, die auf Hilfe angewiesen sind?

6. Für sein geistiges Wohl sorgen: Seine Wissens-, Kultur-, Wert- und Sinnziele verfolgen

Wir sind nicht nur körperliche Wesen mit materiellen Bedürfnissen, sondern auch geistige Wesen mit spirituellen Bedürfnissen. So strebt jeder in irgendeiner Weise entsprechend seinen individuellen Fähigkeiten, Neigungen, Interessen, Bemühungen und den Anregungen und Möglichkeiten, die ihm die Außenwelt bietet, nach geistigem Wohl im Wissens-, Kultur-, Wert- und Sinnbereich. Im Wissensbereich strebt man nach Information, Bildung, Wissen und Anwendung des Wissens. Im Kulturbereich geht es um Interessen im Bereich der Sprache, Literatur, Musik, Malerei, Bildhauerei, Architektur, Schauspiel, Film, Sport und der Freizeithobbys. Im Wert- und Sinnbereich strebt man nach Orientierung und Sinn. Der Mensch hat ein tiefes Bedürfnis nach Sinn. Er will etwas Sinnvolles tun, ein sinnerfülltes, kein sinnloses Leben führen. Wichtige Fragen stellen sich hier: Nach welchen Maßstäben soll ich mein Leben ausrichten? Welchen Sinn hat mein Leben?

Die Aufgabe, für sein geistiges Wohl zu sorgen, besteht nun darin, seine sich häufig ändernden Ziele im Wissens-, Kultur-, Wert- und Sinnbereich zu erkennen und zu verfolgen.

7. Für sein soziales Wohl sorgen

a) Seine sozialen Ziele verfolgen

Wir sind Gemeinschaftswesen. Ständig stehen wir in einer Vielzahl von Beziehungen zu Mitmenschen und menschlichen Gemeinschaften, zum Beispiel in unserer Stellung als Ehepartner, Elternteil, Verwandter, Freund, Angestellter, Kollege, Vertragspartner, Träger eines bestimmten Berufes, Nachbar, Mitglied eines Vereins,

Bürger eines Staates. Wir fürchten uns vor dauerhafter Einsamkeit, vor Alleinsein und Ausgestoßensein aus der menschlichen Gemeinschaft und suchen deshalb die Gemeinsamkeit. Die sozialen Bezüge und Kontakte sind für uns lebensnotwendig. Sie dienen unserer Selbsterhaltung, Selbstfindung und Selbstentfaltung. Ihre Bedeutung basiert auf unserer existenziellen Abhängigkeit von den Mitmenschen, der Gemeinschaft und deren Einrichtungen, die mit unserer Geburt beginnt und erst mit unserem Tod endet. Der Selbstfindung und Selbstentfaltung dienen die sozialen Bezüge insoweit, als erst der ständige Kontakt, Gedankenaustausch und Vergleich mit den Mitmenschen und deren Ansichten uns das Bewusstsein von unserer Identität gegenüber den anderen verleiht und uns zugleich die Gelegenheit zur privaten und beruflichen Weiterentwicklung gibt, beispielsweise im Zuge der Kooperation und des Wettbewerbs.

Nachstehend werden einige wesentliche Bedürfnisse genannt, die mithilfe der sozialen Bezüge befriedigt werden sollen. Die sozialen Kontakte dienen oft mehreren Zwecken, und zwar sowohl materiellen und spirituellen Zwecken als auch dem der Selbsterhaltung, Selbstfindung und Selbstentfaltung.

Im Einzelnen handelt sich um das Bedürfnis nach

- Kommunikation, Empfang und Weitergabe von Informationen, Gedanken und Gefühlen, Wissen und Erfahrungen,
- Kooperation, Zusammenarbeit auf materiellem und spirituellem Gebiet, Geben und Nehmen,
- Verständnis, Mitgefühl, Liebe seitens der anderen,
- Anerkennung, Wertschätzung, Vertrauen, Befriedigung des Bedürfnisses, gebraucht zu werden bzw. für andere wichtig zu sein,
- Unterstützung, Hilfe, Solidarität,
- Frieden, Sicherheit, Geborgenheit, Harmonie mit den Mitmenschen,

- Teilnahme, Gemeinsamkeit, Zugehörigkeit, Gefühl der Verbundenheit, gemeinsamem Erleben, Teilen von Freud und Leid, Kameradschaft, Freundschaft,
- Fürsorge für andere, Einsatz für Mitmenschen und die Gemeinschaft, Freude bereiten,
- Übernahme von Verantwortung für andere und anderes,
- Einflussnahme und Macht.

Die genannten sozialen Bedürfnisse bestehen im Grunde genommen bei allen Menschen. Im Detail differieren sie allerdings von Mensch zu Mensch je nach Veranlagung, Neigung, Fähigkeiten und Lebensbedingungen.

Wir haben die Aufgabe, für unser Sozialwohl zu sorgen. Dazu müssen wir unsere sich ständig ändernden Wünsche, Bedürfnisse und Ziele im zwischenmenschlichen und gemeinschaftlichen Bereich ermitteln und möglichst erfüllen. Hierbei stellen sich Fragen wie:

- Welche Kontakte sind mir wichtig?
- Mit wem möchte ich öfter zusammen sein oder zusammenarbeiten?
- Für wen oder was will ich mich einsetzen?
- Was will ich damit erreichen?
- Wie gehe ich hierbei am besten vor?
- Welche Mittel habe ich dafür und wie kann ich diese verbessern?

b) Wert und Wohl der Mitmenschen, Gemeinschaft und Umwelt beachten

Das Recht des Einzelnen zur Selbstentfaltung und Sorge für sein Wohl ist nicht grenzenlos. Es findet zwangsläufig seine Grenze in der Pflicht jedes Menschen, den Wert der Mitmenschen, der Gemeinschaft und der Umwelt zu erkennen, zu achten und deren Wohl in zumutbarer Weise zu fördern. Der Eigenwert- und Eigenwohlauftrag des Menschen und hierbei insbesondere seine Aufgabe, für sein soziales Wohl zu sorgen, muss also mit den übrigen Selbstverwirklichungsaufgaben des Menschen – dem Nächstenwert- und Nächstenwohlauftrag, dem Gemeinschaftswert- und Gemeinschaftswohlauftrag und dem Umwelt- und Umweltwohlauftrag – abgestimmt werden.

III. Bedeutung des Eigenwert- und Eigenwohlauftrags

Bedeutung für den Einzelnen

Der Eigenwertauftrag fordert den Menschen dazu auf, seinen Eigenwert zu erkennen, zu achten und zu entfalten. Der Einzelne muss sich hierfür die Vielfalt seines Seins, seines Wertes und seines Potenzials bewusst machen. Er erkennt hierbei, dass er ein Human-, Individual-, Sozial- und Spiritualwesen ist, dass er sich durch seine Humanität, Individualität, Sozialität und Spiritualität sowie sein individuelles, soziales und spirituelles Potenzial seins- und wertmäßig von anderen unterscheidet und so einen besonderen Wert darstellt. Diesen Wert gilt es, gebührend zu achten, zu würdigen und bestmöglich zu entfalten mit dem Ziel, sich in geistig-seelischer, körperlicher, spiritueller und sozialer Hinsicht immer weiterzuentwickeln. Dies alles hat für den Einzelnen eine starke sinnstiftende Funktion. Es stärkt Selbstbewusstsein, Selbstachtung, Selbstwertgefühl, Selbstliebe und Selbstverantwortung und damit zugleich Selbstvertrauen und Selbstsicherheit, was wiederum positive Folgen für die Selbstbestimmung und die persönliche Weiterentwicklung hat.

Der Eigenwohlauftrag dient der Befriedigung der eigenen Wünsche und Bedürfnisse. Er fördert Wohlbefinden, Zufriedenheit, materielle und geistige Unabhängigkeit, innere und äußere Stärke,

Sicherheit, Leistungskraft und Leistungsfreude und schafft damit zugleich die Grundlage für die Entfaltung des Eigenwerts und die Führung eines eigenständigen Lebens.

Die Ausführung des Eigenwert- und Eigenwohlauftrags gibt dem Einzelnen seine unverwechselbare Identität und Eigenständigkeit.

Bedeutung für die Mitmenschen und die Gemeinschaft

Der Eigenwert- und Eigenwohlauftrag dient aber auch den Mitmenschen und der Gemeinschaft. Zum einen werden diese entlastet, soweit der Einzelne selbst für sich sorgt und nicht die Unterstützung anderer oder der Gemeinschaft benötigt – man denke nur an die positiven Folgen wirtschaftlicher und geistiger Unabhängigkeit und der Pflege von Selbstachtung, Selbstwertbewusstsein und Selbstverantwortlichkeit für die Gesundheits-, Arbeits- und Sozialfürsorge.

Zum anderen stärkt die Ausführung des Eigenwert- und Eigenwohlauftrags die Möglichkeit des Einzelnen, sich nicht nur für sein Wohl, sondern auch für das Wohl seiner Mitmenschen und der Gemeinschaft einzusetzen. Je größer das körperliche, geistig-seelische, soziale und spirituelle Wohl des Einzelnen ist, desto mehr kann er geben. Und je mehr er in Worten und Taten gibt, desto mehr fördert er damit direkt oder indirekt positive Reaktionen der sozialen Umwelt (wie soziale Anerkennung, Unterstützung, Aufstieg).

Schließlich regt das Streben nach Eigenwohl erfahrungsgemäß oft den Ehrgeiz und die Kreativität der Mitmenschen an. Dies führt zu einem Wettbewerb der Ideen, Visionen und Fähigkeiten sowie zu neuen Erkenntnissen, Lösungen und Produkten und schafft so die Voraussetzungen für den gesellschaftlichen Fortschritt in materieller, sozialer und spiritueller Hinsicht. Auf diese Weise kommt die Vielfalt menschlichen Wollens, Könnens und Tuns für die Gesellschaft voll zur Geltung. Zugleich zeigt sich hierin, dass Egoismus und Altruismus sich nicht unbedingt ausschließen, sondern einander fruchtbar ergänzen können, und der Weg vom Eigenwohl zum Gemeinwohl nicht weit sein muss.

B. Nächstenwert- und Nächstenwohlauftrag

I. Nächstenwertauftrag: Den Wert des Nächsten erkennen und achten

1. Wert des Mitmenschen

Der Nächstenwertauftrag beinhaltet die Aufgabe, den Wert des Mitmenschen, also dessen Eigenwert zu erkennen und zu achten. Der Eigenwert des jeweiligen Mitmenschen besteht aus seinem Humanwert, seinem Individualwert, seinem Spiritualwert und seinem Sozialwert.

Der Humanwert des Menschen beruht allein auf seinem Menschsein. Er besteht in seiner Würde und den damit verbundenen Menschenrechten und Menschenpflichten. Insoweit sind alle Menschen gleich. Im Übrigen ist jeder Mensch aber ein Unikat, das sich in seiner Individualität, Spiritualität und Sozialität von allen anderen Menschen unterscheidet.

Die Unterschiede zeigen sich insbesondere
- im Verhältnis des Einzelnen zu sich und seinem Wert, insbesondere in seinem Verhältnis zum Wissens-, Kultur-, Wert- und Sinnbereich, sowie in seinen Beziehungen zum Wert und Wohl der Mitmenschen, der Gemeinschaft und der Umwelt,
- in seinem individuellen, geistigen und sozialen Potenzial,

- im Einsatz seines Potenzials für sein Wohl und das Wohl der Mitmenschen, der Gemeinschaft und der Umwelt.

Wegen des näheren Inhalts der verschiedenen Aspekte des Eigenwerts wird auf die Ausführungen unter *A I 1* des zweiten Teils (*Aspekte des Eigenwerts*) verwiesen.

Bereits dies zeigt, wie komplex und diffizil jeder Mensch ist und wie zurückhaltend man deshalb bei seiner Beurteilung sein muss. Noch komplexer wird es, wenn man auch die äußeren Lebensumstände, die für die Entwicklung und die Entfaltung des jeweiligen Potenzials bedeutsam waren und sind, berücksichtigt. Ohne Kenntnis der Lebensbedingungen des Einzelnen und seiner Vorgeschichte kann man sein Verhalten oft nicht angemessen beurteilen. Vor vorschnellen Werturteilen, insbesondere vor vorschnellen negativen Werturteilen sollte man sich deshalb hüten.

2. Erkennen

Den Wert des Mitmenschen zu erkennen, heißt zunächst einmal anzuerkennen, dass jeder Mensch unabhängig von seinen Eigenschaften, Ansichten und seinem Verhalten als Mensch mit seinem Selbstbestimmungszweck und seinen Menschenrechten einen Wert darstellt.

Darüber hinaus geht es bei der Werterkennung darum, den besonderen Wert des Einzelnen in seinem konkreten *Sosein* wahrzunehmen. Er besteht aus seiner Individualität, Spiritualität und Sozialität sowie dem jeweils dazu gehörenden Potenzial und dessen Einsatz für sich, andere und die Gemeinschaft. Die Aufgabe, den besonderen Wert des Einzelnen möglichst zu erkennen, können wir nur dann angemessen lösen, wenn wir uns dabei bemühen, folgenden Anforderungen gerecht zu werden:

- Offen, unvoreingenommen gegenüber dem Mitmenschen und seinen Ansichten zu sein, ohne vorgefasste Meinungen und Erwartungen den anderen so zu sehen, wie er ist, und nicht, wie wir ihn sehen wollen,
- aufmerksam zuzuhören, sich voll auf den anderen zu konzentrieren, ein offenes Ohr für sein Anliegen zu haben,
- verständnisbereit, einfühlsam und wohlwollend zu sein,
- vor der Beurteilung des anderen sich in dessen Lage zu versetzen und die Dinge auch aus seiner Perspektive zu betrachten,
- auch die Umweltverhältnisse und Lebensgeschichte des anderen zu berücksichtigen, denn jeder ist das Produkt seiner Anlagen und Umweltbedingungen, und nach den Ursachen zu fragen, warum der andere sich so und nicht anders verhalten hat.

Je mehr wir uns in dieser Weise bemühen, den Wert des einzelnen Mitmenschen zu erkennen, desto mehr positive, wertvolle Seiten werden wir auch an ihm entdecken, die uns sonst verborgen blieben (wie Eigenschaften, Fähigkeiten, Kenntnisse und Erfahrungen, die ihn besonders auszeichnen, intellektuelle oder künstlerische Neigungen, Interessen, menschliche Werte, Einsatz für das Wohl von Mitmenschen und Gemeinschaften) und desto weniger laufen wir Gefahr, Vorurteilen nachzugeben und den anderen unzutreffend zu beurteilen. Dies alles, egal ob es sich im Einzelfall um große oder kleine Wertaspekte des anderen handelt, macht uns und den anderen mit all den guten und weniger guten Eigenschaften menschlicher.

3. Achten

Unterlassen der Zufügung von Leid und Schaden und Dulden der Andersartigkeit des Mitmenschen

Jeden Menschen in seinem Wert zu achten heißt, ihn in seiner Würde, seiner Selbstbestimmungsaufgabe und seinen Rechten zu beachten, ihn als gleichwertige und gleichberechtigte Person anzunehmen und zu respektieren, und zwar aus innerer Wertanerkennung und nicht aus Gleichgültigkeit oder notgedrungen um des lieben Friedens willen. Jeder hat seine Bestimmung und seine Aufgaben zu erfüllen sowie für sein Wohl zu sorgen. Die Wertachtung zeigt sich äußerlich in einem Unterlassen und anerkennenden Dulden, also in einem passiven Verhalten, und unterscheidet sich insoweit von der später zu behandelnden aktiven Förderung des Menschenwohls.

Das Unterlassen zeigt sich darin, keinem Menschen ein körperliches oder seelisches Leid, zum Beispiel durch Kränkung, Angsterregung, Beleidigung, und auch sonst keinen Schaden zuzufügen.

Das Dulden besteht, soweit nicht die Freiheitsrechte anderer zwingend dagegen sprechen, darin, jeden Menschen so zu lassen, wie er ist und sein will, nach dem Motto: *Jeder soll nach seiner Façon selig werden.* Jeder muss bei der Selbstverwirklichung seinen Weg selbst finden und gehen. Es ist völlig normal, dass jeder seine eigenen Interessen und Ziele hat und seiner Individualität entsprechend auch haben muss. Der Mitmensch darf deshalb nicht als bloßes Objekt, als Mittel zum Zweck betrachtet werden, sondern muss stets als ein eigenständiges und gleichwertiges Subjekt respektiert werden. Respekt verlangt Toleranz und Rücksichtnahme auf die berechtigten Belange des anderen. Wir müssen also den Mitmenschen in seiner Andersartigkeit im Sein, Denken, Fühlen, Glauben, Wollen und Tun so annehmen, wie er ist, und ihn als Mensch schätzen.

Hieraus ergibt sich für unsere Einstellung und unser Verhalten gegenüber dem Mitmenschen Verschiedenes: Wir müssen ihm zuhören und ihn verstehen wollen, uns hierzu gedanklich an seine Stelle versetzen, seine Ansichten und Überzeugungen, auch wenn sie von den unseren abweichen, ernst nehmen[77] und uns mit ihnen auseinandersetzen, unseren Standpunkt überprüfen und gegebenenfalls auch ändern. Grundsätzlich dürfen wir keine Erwartungen und Ansprüche an den anderen stellen. Er ist uns – ohne eine entsprechende Vereinbarung – nichts schuldig. Auch verbietet es sich, den anderen zu kritisieren, ihm rechthaberisch die eigene Meinung aufzudrängen und ihn verbessern, kontrollieren oder gar bevormunden, beherrschen oder manipulieren zu wollen; abgesehen davon, dass die grobe Unterscheidung von richtigen und falschen Ansichten der Komplexität des Gegenstandes oft nicht gerecht wird und ein Denken in mehr oder weniger oder gleich vertretbaren Auffassungen (*sowohl als auch* statt *entweder oder*) häufig angebrachter ist.[78] Erst die offene und vorbehaltlose Würdigung abweichender Meinungen gibt uns die Möglichkeit, unsere beschränkte Einsichtsfähigkeit zu erweitern und unsere Überzeugungen zu überprüfen.

Als Faustregel für die Wertachtung des Menschen kann die Berücksichtigung des Unterlassungsgebots der *Goldenen Regel* dienen: *Was du nicht willst, dass man dir tu, das füg' auch keinem anderen zu.*

Grund

Die Aufgabe, den Wert jedes anderen Menschen im Sinne der vorstehenden Ausführungen zu achten, ergibt sich zunächst einmal aus dessen Würde und Menschenrechten sowie dessen Aufgabe, sich in Freiheit zu entfalten und für sein Wohl zu sorgen.[79] Dies ist nur möglich, wenn jeder sich daran hält, dem Mitmenschen weder Leid noch Schaden zuzufügen und ihn in seiner Andersartigkeit zu dulden. Erst die Einhaltung des Achtungsgebots ermöglicht es, dass alle Menschen nach Selbstverwirklichung streben können.

Die Aufgabe, den Wert des Mitmenschen zu achten, entspricht aber auch dem Eigeninteresse jedes Menschen und seiner Aufgabe, den eigenen Wert zu entfalten und für sein Wohl zu sorgen. Jeder ist bei der Erfüllung dieser Aufgabe davon abhängig, dass die Mitmenschen ihn in seiner Existenz und Wertigkeit sowie seinem Streben nach Selbstverwirklichung respektieren und ihm kein Leid oder Schaden zufügen. Dies kann er billigerweise aber nur erwarten, wenn er seinerseits hierzu jedem anderen gegenüber bereit ist, entsprechend dem vorgenannten Unterlassungsgebot der *Goldenen Regel*. Die Anwendung dieser Regel oder des ihr zugrunde liegenden Gegenseitigkeitsprinzips ist also ein gutes Mittel zur Förderung des Eigenwohls und der Entfaltung des Eigenwerts.

Grenze

Die Aufgabe, das Verhalten des Mitmenschen zu dulden und ihm keinen Schaden zuzufügen, kann nicht grenzenlos gelten. Sie muss dort enden, wo auch die Toleranz ihre Grenzen findet. Verstößt der Mitmensch gröblichst gegen die freiheitliche, demokratische und rechtsstaatliche Grundordnung, insbesondere gegen elementare Menschenrechte, wie das Recht auf Leben und körperliche Unversehrtheit, muss der Einzelne das Recht haben, sich mit Mitteln des Rechtsstaats dagegen zu wehren.[80]

II. Nächstenwohlauftrag: Das Wohl des Nächsten in zumutbarer Weise fördern

1. Wohl des Mitmenschen

Beim Nächstenwohl geht es um das Eigenwohl des Mitmenschen. Es besteht im Wesentlichen aus seinem Grundstimmungswohl, seinem Körper- und Arbeitswohl sowie seinem materiellen, geistigen und sozialen Wohl im zwischenmenschlichen und gemeinschaftlichen Bereich. Wegen der Einzelheiten hierzu wird auf die vorstehenden Ausführungen zum Eigenwohlauftrag unter *A II* dieses zweiten Teils verwiesen.

2. Fördern

Aktive Fördermaßnahmen

Wir sollen nicht nur für unser Wohl sorgen, sondern auch das Wohl des Mitmenschen in zumutbarer Weise fördern. Im Gegensatz zur Achtung des Nächstenwerts, die äußerlich in einem Unterlassen und Dulden besteht, geht es bei der Förderung des Nächstenwohls um Handlungen, die darauf ausgerichtet sind, das Wohl des Mitmenschen zu erhalten oder zu verbessern. Fördermaßnahmen können immaterieller und materieller Art sein. Sie können das Wohlbefinden des Menschen durch Verminderung oder Beseitigung von Leid oder Schaden oder in sonstiger Weise verbessern.

Zur Veranschaulichung, was hiermit gemeint ist, werden nachstehend einige typische Fördermaßnahmen aufgezählt. Fördermaßnahmen sind beispielsweise Akte der

- Freundlichkeit, Höflichkeit, Rücksichtnahme, Aufmerksamkeit,
- Zuwendung und des Verständnisses, Mitgefühls und Zuspruchs,
- Anerkennung, Wertschätzung, Belobigung,

- Dankbarkeit,
- Fürsorge, Hilfsbereitschaft, Unterstützung,
- Großzügigkeit,
- Verzeihung, Versöhnung: Wir sind alle Menschen und keine Götter.

Wie die Aufzählung zeigt, geht es bei der Förderung des Nächstenwohls oft um Verhaltensweisen, die wegen ihres geringen Aufwands grundsätzlich jedem zumutbar sind. Dies gilt insbesondere für solche Maßnahmen, mit denen man den Mitmenschen seine Wertschätzung ohne nennenswerten Aufwand, aber mit großer Wirkung zum Ausdruck bringen kann oder, in den Worten von Dan Millman, um »kleine Dinge, die in den Augen des Geistes sehr viel zählen, einfache Handlungen, aus denen Altruismus, Rücksichtnahme, Liebe und Güte sprechen.«[81]

Die aufgezählten Maßnahmen lassen sich alle leicht aus dem Handlungsgebot der *Goldenen Regel* ableiten: *Was du willst, dass man dir tu, das füg' auch jedem anderen zu.* Die Überlegung, wie man selbst vernünftigerweise in der konkreten Situation behandelt werden will, kann uns also als Orientierungsmaßstab für unser Verhalten dienen, denn im Grunde sind wir alle gleich: Jeder will glücklich sein und Leid vermeiden.[82] Die Anwendung der *Goldenen Regel* eignet sich somit nicht nur als Faustregel für die Achtung des Nächstenwerts, sondern auch als Faustregel für die Förderung des Nächstenwohls.

Letztlich geht es bei allen Fördermaßnahmen darum, den anderen menschenwürdig zu behandeln oder, wie es der Dalai Lama ausdrückt, »ihm Gutes zu tun«, ihn so zu behandeln, »als sei er ein guter Freund.«[83] Und an einer anderen Stelle führt er, die Förderung und Achtung der anderen sozusagen zusammenfassend, aus:

»Liebe zu anderen und der Respekt vor ihrer Würde und ihren Rechten, gleichgültig, wer oder was sie sind, das ist letztlich alles, was wir brauchen. Und wenn wir das in unserem Alltag praktizieren, dann spielt es keine Rolle, ob wir gebildet oder ungebildet sind, ob wir an Buddha oder an Gott glauben, ob wir überhaupt einer Religion anhängen oder nicht.«[84]

Die Aufgabe, den anderen menschenwürdig zu behandeln, bezieht sich auf jeden Menschen. Zusätzliche, aus dem jeweiligen Verhältnis sich ergebende Förderungsaufgaben haben wir gegenüber Mitmenschen, die uns besonders nahestehen wie unser Lebenspartner, Kind und Elternteil.

Grund

Für die Förderung des Nächstenwohls spricht neben dem Wert des Mitmenschen auch der Wert und das Eigeninteresse des Fördernden selbst.

Die Aufgabe, das Wohl des Mitmenschen nicht nur passiv durch Unterlassen der Zufügung von Leid und Schaden sowie Dulden der Andersartigkeit zu achten, sondern auch aktiv zu fördern, ergibt sich zunächst einmal aus dem Wert jedes Menschen. Jeder Mensch stellt einen besonderen Wert dar und muss deshalb von jedem menschenwürdig behandelt werden. Die menschenwürdige Behandlung kann sich richtigerweise nicht in einem bloßen passiven Unterlassen und Dulden erschöpfen. Menschenwürdiges Verhalten gegenüber dem Mitmenschen fordert vielmehr auch ein aktives Handeln für diesen. Nur durch ein aktives Füreinander und Miteinander, bei dem jeder dem anderen mit Verständnis, Güte, Mitgefühl und Hilfsbereitschaft gegenübertritt, und nicht durch ein bloßes passives, teilnahmsloses Nebeneinander, bei dem jeder den anderen nur duldet und ihm kein Leid und keinen Schaden zufügt, kann der Würde jedes Menschen angemessen entsprochen[85] und das Zusammenleben der Menschen wahrhaft menschlich werden. Nur dies entspricht der Gleichwertigkeit und Gleichberechtigung der Menschen (an Menschenrechten) und führt zu dem erstrebenswerten sozialen Frieden.

Für die aktive Förderung des Nächstenwohls spricht ferner der Wert des Fördernden selbst. Jeder soll seinen Wert entfalten und sich seinem Wert entsprechend verhalten. Hierzu gehört auch die dem Sozialwert entspringende Aufgabe, sich nicht nur für sein Eigenwohl, sondern auch für das Wohl anderer einzusetzen. Dies erfordert von jedem ein aktives Handeln und nicht bloß ein passives Unterlassen und Dulden.[86]

Schließlich spricht für die aktive Förderung des Nächstenwohls auch das Eigeninteresse des Fördernden, denn die Förderung fremden Wohls führt oft auch zu einer unmittelbaren oder mittelbaren Förderung des Eigenwohls des Fördernden selbst. Eine unmittelbare Förderung des Eigenwohls liegt vor, wenn sie zusammen mit der Förderhandlung auftritt. Redensarten wie *Freude machen, macht Freude* oder *Gutes tun, tut gut* bringen dies treffend zum Ausdruck. Eine mittelbare Förderung des Eigenwohls tritt ein, wenn die Fördertätigkeit zu einer Reaktion des Geförderten oder eines Dritten führt, die sich positiv auf das Wohl des Fördernden auswirkt, zum Beispiel in Form von Anerkennung oder Unterstützung. Diese mittelbare Förderung des Eigenwohls durch Förderung des Nächstenwohls beruht auf dem Gegenseitigkeitsprinzip, das für den Förderungsauftrag in gleicher Weise gilt wie für den Achtungsauftrag. Auch hier kann der Einzelne die für seine Entfaltung und sein Wohl wünschenswerte oder gar nötige Förderung seiner Person durch den Mitmenschen nur erwarten, wenn er seinerseits bereit ist, dessen Wohl entsprechend zu fördern. So führt die Förderung fremden Wohls erfahrungsgemäß auch oft zu einer mittelbaren Förderung des eigenen Wohls. Eigenwohl und Fremdenwohl sind dann keine Gegensätze, sondern zielen in die gleiche Richtung. Die Förderung fremden Wohls erweist sich so auch als ein Gebot der Klugheit. Dies gilt umso mehr im Hinblick auf die im Zuge der Spezialisierung und Globalisierung immer größer werdende Abhängigkeit des Einzelnen von seinen Mitmenschen und die sich daraus ergebende Notwendigkeit, zu diesen ein positives Verhältnis zu begründen, es aufrechtzuerhalten und ihnen auch deshalb aktiv Respekt zu erweisen.

Grenze

Der Auftrag, das Menschenwohl zu fördern, bezieht sich auf die Förderung des eigenen Wohls und die Förderung des fremden Wohls. Beide Ziele stehen sich häufig diametral gegenüber. Allein daraus folgt schon, dass kein Ziel grenzenlos verfolgt werden kann. Die Förderung des Eigenwohls darf nicht zur dauerhaften völligen Vernachlässigung des Fremdenwohls führen. Umgekehrt darf die Förderung des Fremdenwohls nicht zur dauerhaften Vernachlässigung des Eigenwohls oder gar zur Selbstaufgabe führen. Beide Ziele müssen vielmehr aufeinander abgestimmt werden. Dies führt dazu, dass die Förderung des Fremdenwohls uns nur in dem Rahmen obliegen kann, in dem sie uns im Einzelfall unter Abwägung unserer berechtigten Eigeninteressen und aller sonstigen einschlägigen Gesichtspunkte zumutbar ist. Hierauf wird noch später bei der Behandlung der Abstimmung der Aufgaben der Selbstverwirklichung unter *E IV* dieses Teils eingegangen.

III. Bedeutung des Nächstenwert- und Nächstenwohlauftrags

Die Ausführung des Nächstenwert- und Nächstenwohlauftrags dient unmittelbar dem einzelnen Mitmenschen, mittelbar aber auch dessen Mitmenschen und der Gemeinschaft. Je größer das Wohl des Einzelnen ist, desto weniger benötigt er die Unterstützung anderer und der Gemeinschaft und desto größer ist sein Potenzial, für sich selbst und das Wohl anderer sowie der Gemeinschaft zu sorgen. Damit leistet die Achtung des Nächstenwerts und die Förderung des Nächstenwohls einen wertvollen Beitrag für den sozialen Frieden und Fortschritt.

Darüber hinaus dient das Bemühen um Erkenntnis und Achtung des Nächstenwerts und Förderung des Nächstenwohls auch dem Interesse und Wohl des Achtenden und Fördernden selbst, und zwar in mehrfacher Hinsicht:

Zum einen ist das Bestreben, den Wert des anderen zu erkennen, ein wichtiges Mittel für die eigene Selbstfindung, Selbstidentifikation und persönliche Entwicklung. Erst durch den Vergleich mit anderen, ihren Eigenschaften und Fähigkeiten, Neigungen und Abneigungen, Stärken und Schwächen erleben wir unsere Andersartigkeit und Einzigartigkeit, entdecken unsere Vorzüge und Defizite und sehen, was zu entfalten und zu ändern ist. Zugleich erfahren wir durch das Kennenlernen anderer Menschen auch andere Meinungen, Einstellungen, Verhaltens- und Lebensweisen und erhalten so die Gelegenheit, die Enge und Beschränktheit unserer Sichtweise zu sehen und über sie hinauszuwachsen. Dabei können wir nicht nur aus wertvollen, sondern auch aus unwerten Einstellungen und Handlungen anderer lernen. So können uns Mitmenschen mit negativem Verhalten zum Beispiel den Wert von Geduld, Selbstbeherrschung und Toleranz lehren.

Zum anderen dient die Achtung des Nächstenwerts und die Förderung des Nächstenwohls häufig unmittelbar oder mittelbar auch der Befriedigung eigener Bedürfnisse des Achtenden oder Fördernden. Beruht die Förderung zum Beispiel auf dem Streben nach Gemeinsamkeit oder dem Wunsch, Gutes zu tun, so bewirkt sie bei dem Fördernden unmittelbar ein Gefühl des Wohlbefindens gemäß dem Motto: *Gutes tun, tut gut.* Andererseits führt die Achtung und Förderung des Mitmenschen auch oft zu einer Reaktion des Geachteten oder Geförderten, die sich positiv für den Achtenden oder Fördernden auswirkt und damit mittelbar dessen Eigenwohl fördert. Ferner ist zu beachten, dass wir in vielfacher Hinsicht vom Verhalten unserer Mitmenschen und der Gemeinschaft abhängen. Sollen diese sich uns gegenüber respektvoll, verständnisvoll, anerkennend und sonst wie positiv verhalten, können wir dies nach dem Gegenseitigkeitsprinzip nur erwarten, wenn auch wir eine achtende und fördernde Haltung gegenüber den Mitmenschen und der Gemeinschaft einnehmen. Auch hier zeigt sich, wie bei der Erörterung der Bedeutung des Eigenwert- und Eigenwohlauftrags, ein enger Zusammenhang zwischen der Förderung des Eigenwohls und der Förderung des Nächstenwohls.

C. Gemeinschaftswert- und Gemeinschaftswohlauftrag

I. Gemeinschaftswertauftrag: Den Wert der Gemeinschaft erkennen und achten

1. Wert der Gemeinschaft

Der Gemeinschaftswertauftrag macht uns zur Aufgabe, den Wert der Gemeinschaft zu erkennen und zu achten.

Der Begriff der *Gemeinschaft* wird hier sehr weit gefasst. Er reicht von der Gelegenheitsgesellschaft (wie einer Fahrgemeinschaft) bis hin zur Lebensgemeinschaft, von der Zweiergemeinschaft (wie der Partnerschaft und Ehe) über die Familie (Klein- und Großfamilie), die verschiedenen Formen der Interessengemeinschaften (wie Wohn-, Arbeits-, Berufs-, Wirtschafts-, Rechts-, Sozial-, Wissenschafts-, Kultur- und Sportgemeinschaften sowie politische Gemeinschaften), staatliche und überstaatliche Gemeinschaften, Volks-, Religions- und Weltanschauungsgemeinschaften bis hin zur gegenwärtigen und künftigen Menschheit als Globalgemeinschaft aller Menschen. Allen diesen Gemeinschaften ist gemein, dass sie aus mehreren Personen bestehen, die einen oder mehrere gemeinsame Zwecke verfolgen oder durch ein sonstiges, das Gemeinschaftsverhältnis begründendes Merkmal, zum Beispiel die gemeinsame Abstammung oder Staatsangehörigkeit, miteinander verbunden sind. Der Begriff der Gemeinschaft erfasst auch die Einrichtungen und Institutionen der Gemeinschaft.

Der Wert jeder menschlichen Gemeinschaft ergibt sich zunächst einmal aus dem Eigenwert ihrer Mitglieder. Betätigen sich mehrere Menschen freiwillig gemeinschaftlich, so machen sie damit von ihrem Recht auf freie Entfaltung der Persönlichkeit und unter anderem ihrem Recht auf Vereinigungsfreiheit Gebrauch, was grundsätzlich von den anderen zu tolerieren ist. Die Wertigkeit der Mitglieder einer Gemeinschaft ist somit konstitutiv für den Wert der einzelnen Gemeinschaft.

Darüber hinaus ergibt sich der Wert der einzelnen Gemeinschaft insbesondere aus ihrem Zweck und dessen Bedeutung für die Menschen, ihrem Potenzial und der Qualität ihrer Einrichtungen sowie ihrem Nutzen für die Mitglieder, Nichtmitglieder und andere Gemeinschaften. Gemeinschaften dienen in der Regel der Erfüllung menschlicher Bedürfnisse und damit der Erhaltung und Entfaltung des Menschenwerts und Menschenwohls. Sie sind deshalb für den einzelnen Menschen als auch für die Gesellschaft von großer Bedeutung. Das gilt für alle vorgenannten Gemeinschaften, angefangen von der Partnerschaft und der Familie über die Interessengemeinschaften bis zur staatlichen und überstaatlichen Gemeinschaft. Wir brauchen Gemeinschaften. Ohne Gemeinschaften und ihre Einrichtungen könnten wir unsere körperlichen, sozialen und spirituellen Bedürfnisse nicht oder nur zu einem weitaus geringeren Teil befriedigen. Man stelle sich einmal vor, jeder müsste allein für sich sorgen. Das Ende der Menschheit würde wohl nicht lange auf sich warten lassen. Die herausragende Bedeutung der Gemeinschaften gilt insbesondere auch für die staatlichen Gemeinschaften und ihre Einrichtungen. Ein Leben ohne Schulen, Gesundheitseinrichtungen und sonstige Einrichtungen der staatlichen Daseinsfür- und Daseinsvorsorge, ohne wissenschaftliche, kulturelle, soziale und politische Institutionen und ohne eine Rechts-, Wirtschafts-, Finanz- und Sozialordnung etc. ist unvorstellbar, insbesondere in unserer heutigen Zeit der arbeitsteiligen Differenzierung und der Globalisierung des Lebens. Erst die Existenz staatlicher und nicht staatlicher Gemeinschaften und deren Einrichtungen gibt uns die Möglichkeit, unser Potenzial zu entfalten. Insofern ist die staatliche Gemeinschaft nicht nur Gegner, sondern auch Garant der individuellen Freiheit.[87]

2. Erkennen und achten

Den allgemeinen Wert jeder Gemeinschaft und den besonderen Wert der konkreten einzelnen Gemeinschaft gilt es zu erkennen und zu achten. Die Achtung der Gemeinschaft besteht - entsprechend der Begriffsbildung beim Nächstenwertauftrag - im Unterlassen der Zufügung von Leid und Schaden und im anerkennenden Dulden ihrer Eigenart. Dies gilt grundsätzlich für jede menschliche Gemeinschaft, ganz gleich, ob man ihr angehört oder nicht. Hierzu gehört insbesondere auch die Wertschätzung des freiheitlich-demokratischen Rechtsstaates mit seinen Institutionen, der mit der Sicherung der Menschen- und Bürgerrechte, dem Angebot eines Bildungs-, Arbeits-, Rechts- und Sozialwesens sowie seiner religiösen und weltanschaulichen Offenheit und Neutralität erst die Selbstverwirklichung des Menschen in Frieden und Freiheit ermöglicht.

Für die Achtung des Nächstenwerts wurden zwei Gründe angeführt: der Wert des Mitmenschen mit seinem Recht und seiner Aufgabe, sich zu entfalten und für sein Wohl zu sorgen, sowie das Eigeninteresse des Einzelnen, frei von Beeinträchtigungen durch andere seinen Wert entfalten und für sein Wohl sorgen zu können. Diese Gründe gelten für die Achtung des Gemeinschaftswerts entsprechend. Für sie spricht also einmal die Bedeutung der jeweiligen Gemeinschaft und das Recht ihrer Mitglieder, sich gemeinschaftlich zu betätigen, zum anderen das Interesse des Einzelnen, dass die Gemeinschaft ihn respektiert und nicht schädigt und, falls er ihr angehört, seinen Zwecken dient. Dies kann man nur dann von der Gemeinschaft erwarten, wenn man sich seinerseits gegenüber der Gemeinschaft entsprechend verhält. Angewandt auf das Verhältnis zu fremden Glaubensgemeinschaften heißt das zum Beispiel, dass wir deren Glaubensüberzeugungen und Suche nach Wahrheit respektieren müssen, um auch von ihnen Respekt gegenüber unseren Überzeugungen erwarten zu können. Wie beim Nächstenwertauftrag erweist sich auch hier die Anwendung des Unterlassungsgebots der *Goldenen Regel* als ein gutes Mittel für die Selbstentfaltung und die Förderung des Eigenwohls.

Die Grenze der Achtung einer Gemeinschaft liegt nach westlicher Auffassung dort, wo sie die Würde des Menschen und die ihr dienende freiheitliche, demokratische und rechtsstaatliche Grundordnung, insbesondere die Menschenrechte, grob missachtet. Beim Überschreiten dieser Grenze wird das Handeln der Gemeinschaft insoweit zum Unwert, gegen den sich der Verletzte mit rechtsstaatlichen Mitteln wehren kann. Diese Schranke gilt für das Verhältnis der Gemeinschaft gegenüber ihren Mitgliedern genauso wie für ihr Verhältnis zu anderen Menschen und anderen Gemeinschaften. Auch hier gilt, wie beim einzelnen Individuum, der Grundsatz, dass die immanenten Schranken der Freiheit eingehalten werden müssen, die Ausübung der eigenen Freiheit also nicht zur unzulässigen Beschränkung fremder Freiheit führen darf.

II. Gemeinschaftswohlauftrag: Das Wohl der Gemeinschaft in zumutbarer Weise fördern

1. Wohl der Gemeinschaft

Wir stehen unzähligen Gemeinschaften gegenüber und können uns nicht für alle einsetzen. Wir müssen deshalb eine Auswahl treffen, welche Gemeinschaft(en) wir fördern wollen. Hierfür kommen vor allem zwei Gruppen von Gemeinschaften in Betracht.

Zunächst einmal ist an solche Gemeinschaften zu denken, denen wir angehören oder sonst nahestehen, zum Beispiel weil sie uns nützen oder Ziele verfolgen, die uns besonders wichtig und förderungswürdig sind, wie die Familie oder die persönliche Arbeits-, Interessen-, Kultur-, Sport-, Sozial-, Glaubens- und Staatsgemeinschaft.

Zum anderen drängen sich unter den sonstigen Gemeinschaften insbesondere solche Gemeinschaften und Einrichtungen als förderungswürdig auf, bei denen es um besonders Hilfsbedürftige geht wie Kranke, Behinderte, Arme, Verfolgte, in menschenunwürdigen Verhältnissen Lebende, Opfer von Katastrophen oder Menschenrechtsverletzungen.

2. Fördern

Aktive Fördermaßnahmen

Wie bei der Förderung des Nächstenwohls geht es auch bei der Förderung des Gemeinschaftswohls nicht um ein passives Verhalten (Unterlassen oder Dulden), sondern um ein aktives Handeln. Dies kann in verschiedenster Weise geschehen, zum Beispiel in praktischer oder theoretischer Hinsicht, in ideeller oder materieller Weise, auf geistigem, kulturellem, sozialem, wirtschaftlichem, medizinischem, technischem, politischem oder sonstigem Gebiet. Die Förderung kann der Beseitigung eines Missstandes oder der sonstigen Herbeiführung positiver Tatsachen für das Gemeinschaftswohl dienen, zum Beispiel der Wahrung der Menschenrechte und des Friedens. Sie kann die Gemeinschaft unmittelbar oder mittelbar fördern, zum Beispiel durch Unterstützung eines Obdachlosen und der damit verbundenen Entlastung der Gemeinschaft oder durch vorbildliches Sozialverhalten.

Grund

Als Grund für die Förderung von Gemeinschaften, denen man angehört oder sonst nahesteht, spielt neben der Bedeutung ihres Gemeinschaftszwecks und dem Wert ihrer Mitglieder das mit der Förderung verfolgte Eigeninteresse und Eigenwohl des Fördernden eine erhebliche Rolle. Unsere Lebensqualität hängt in hohem Maß von der Gemeinschaft und deren Wohl ab, zum Beispiel unsere Freiheit, Sicherheit, Gesundheit sowie private und berufliche Entwicklungsmöglichkeiten. Je besser es der Gemeinschaft geht, desto erfolgreicher kann sie ihre Ziele verfolgen und damit den Bedürfnissen und Interessen der Menschen dienen.

Wir müssen also ein erhebliches Interesse daran haben, uns für das Wohl der Gemeinschaft einzusetzen, und verbinden mit der Förderung bewusst oder unbewusst die Hoffnung oder Erwartung auf eine entsprechende Gegenleistung. Dies gilt insbesondere auch in unserem Verhältnis zur staatlichen Gemeinschaft. Nehmen wir ständig Leistungen des Staates im Rahmen der Daseinsfürsorge und Daseinsvorsorge in Anspruch – sind wir sogar im höchsten Maße darauf angewiesen –, können wir uns nicht in unser privates Schneckenhaus zurückziehen und darauf vertrauen, dass andere es schon richten werden. Der Staat besteht aus seinen Bürgern. Staatliche Angelegenheiten sind deshalb auch eigene Angelegenheiten seiner Bürger. Gefragt ist also eine Einstellung, die, von staatsbürgerlicher Verantwortung geprägt, sich auch für das Gemeinwohl engagiert.[88]

Für die Förderung von Gruppen, besonders hilfsbedürftiger Menschen, auch wenn sie einem sonst nicht nahestehen, sprechen neben dem eigenen Interesse am sozialen Frieden insbesondere der Wert jedes Menschen und sein Recht auf menschenwürdige Behandlung. Wenn wir es mit der Idee der gleichen Würde aller Menschen wirklich ernst nehmen, muss uns auch die Schaffung menschenwürdiger Verhältnisse für alle Menschen ein Anliegen sein.

Dies gilt umso mehr, wenn man bedenkt, dass die wirtschaftlich Bessergestellten ihren Lebensstandard zu einem großen Teil der Leistung vieler anderer Menschen und Gemeinschaften verdanken. Folgende Albert Einstein zugeschriebene Worte mögen hier Mahnung und Aufforderung zur Schaffung einer humanen und solidarischen Welt sein: »Jeden Tag erinnere ich mich hundert Mal daran, dass mein inneres und äußeres Leben von der Arbeit anderer, lebender und bereits verstorbener Menschen abhängt und dass ich mich bemühen muss, im gleichen Maße zu geben, wie ich empfangen habe und noch empfange.«[89]

Grenze

Die Förderung kann dem Einzelnen nur insoweit obliegen, als sie ihm zumutbar ist. Die Zumutbarkeit und damit die Frage des *Ob*, *Wie*, *Wann* und *Wie lange* der Förderung des Gemeinschaftswohls hängt, wie bei der Frage der Förderung des Nächstenwohls, von einer Vielzahl von Faktoren ab. Sie betrifft die Abstimmung der Aufgaben der Selbstverwirklichung im Eigen-, Nächsten-, Gemeinschafts- und Umweltbereich und wird deshalb zusammenfassend für alle Aufgabenbereiche der Selbstverwirklichung unter *E IV* dieses zweiten Teils erörtert.

Letztlich muss jeder selbst unter Abwägung aller Gesichtspunkte die Entscheidung treffen, welche Gemeinschaft(en) er wie, wann und wie lange fördern will. Wegweisend ist der bekannte Ausspruch von John F. Kennedy: »Frage nicht, was die anderen für dich tun können, sondern was du für dich und die anderen tun kannst.«

- Wo kann ich helfen?
- Wo bestehen Probleme und Bedürfnisse von Mitmenschen und Gemeinschaften, bei deren Lösung ich mithelfen kann?
- Wo und wie kann ich hierfür meine Fähigkeiten und Möglichkeiten bestmöglich einsetzen?

III. Bedeutung des Gemeinschaftswert- und Gemeinschaftswohlauftrags

Der Gemeinschaftswert- und Gemeinschaftswohlauftrag dient unmittelbar den Interessen und dem Wohl der Gemeinschaft sowie deren Mitgliedern und Einrichtungen. Er hat aber auch mittelbare Folgen für andere Menschen, andere Gemeinschaften und für die achtende und fördernde Person selbst. Insoweit gelten die vorstehenden Ausführungen zur Bedeutung des Nächstenwerts- und Nächstenwohlauftrags entsprechend. Auch hier fordert das Gegenseitigkeitsprinzip, dass der Einzelne sich gegenüber dem Wert und Wohl der Gemeinschaft so verhält, wie er von der Gemeinschaft behandelt werden will und zu einem großen Teil auch muss, um seinen Eigenwert entfalten und sein Eigenwohl und das Wohl seiner Mitmenschen und anderer Gemeinschaften fördern zu können. Auch hier dient also die Achtung und Förderung des Gemeinschaftswerts und Gemeinschaftswohls zugleich den eigenen Interessen der achtenden und fördernden Person sowie den Interessen der Mitmenschen und anderer Gemeinschaften, auf die sich die Förderung des Gemeinschaftswohls positiv auswirkt. Dies gilt heutzutage umso mehr, als die Bedeutung der Gemeinschaft für den Einzelnen wegen der immer größer werdenden Differenzierung und Globalisierung des menschlichen Lebens und der damit einhergehenden wachsenden Abhängigkeit des Einzelnen von der Gemeinschaft immer stärker wird.

D. Umweltwert- und Umweltwohlauftrag

I. Umweltwertauftrag: Den Wert der Umwelt erkennen und achten

1. Wert der Umwelt

Die Umwelt ist unsere Lebensgrundlage und deshalb für jeden Einzelnen sowie die menschliche Gemeinschaft von herausragender Bedeutung.

Mit dem Begriff der *Umwelt* kann Verschiedenes gemeint sein. Überwiegend denkt man hierbei zunächst an die natürliche Umwelt mit ihren Grundbestandteilen Erde, Wasser, Luft, Vegetation und Tierwelt. Begriffe wie *Natur* und *Naturschutz*, *Klimawandel*, *Umweltzerstörung* und *Umweltkatastrophen*, *Wasser-* und *Nahrungsmittelknappheit*, *Verunreinigung von Böden und Gewässern* tauchen hier auf.

Man kann den Begriff der Umwelt aber auch in dem Sinne verstehen, dass er außer der natürlichen Umwelt auch alle weiteren für die Erhaltung und Entfaltung des Menschen bedeutsamen Bereiche seines Umfeldes erfasst. Dazu gehören insbesondere die soziale, politische, rechtliche, wirtschaftliche und spirituelle Umwelt mit ihren jeweiligen Bedingungen. Prägend für das spirituelle Umfeld des Einzelnen sind zum Beispiel die geistigen, kulturellen und moralischen Ansichten und Strömungen, die auf ihn in Form von Erziehung, Aus- und Weiterbildung, Literatur und Kunst, Medien, persönlichen Kontakten und Erfahrungen nachhaltig einwirken. In engem Zusammenhang damit steht das soziale Umfeld des Menschen, gekennzeichnet durch seine soziale Stellung, die Mentalität und kulturelle Prägung der Mitmenschen und Gemeinschaften, mit denen er zu tun hat, sowie die politischen, rechtlichen und wirtschaftlichen Verhältnisse.

Während man das natürliche Umfeld für sich gesehen als *Umwelt im engeren Sinne* bezeichnen kann, kann man die von dem vorgenannten erweiterten Umweltbegriff erfassten Bereiche als *Umwelt im weiteren Sinne* bezeichnen. Alle vorgenannten Umweltbereiche prägen uns.

Wir sind nicht nur von einer intakten natürlichen Umwelt und der Natur als Kraftquelle unseres körperlichen und seelischen Wohlbefindens, sondern ebenso von der Qualität unserer anderen Lebensbedingungen abhängig. Im Folgenden wird deshalb vom *Umweltbegriff im* vorgenannten *weiteren Sinne* ausgegangen.

2. Erkennen und achten

Unsere Lebensqualität hängt maßgeblich von der Güte unserer Umwelt ab. Diese ist zu einem guten Teil Menschenwerk und hängt insoweit von uns selbst ab. Jeder hat die Möglichkeit, seine Lebensbedingungen zu beeinflussen. Mag sein Beitrag auch noch so klein sein, ziehen alle in die gleiche Richtung, sind große Veränderungen möglich. Dies alles gilt es zu erkennen und im Denken und Handeln entsprechend der eigenen Möglichkeiten und Fähigkeiten zu beachten. Insoweit ist jeder mitverantwortlich für die Güte der Umwelt und die Erhaltung menschenwürdiger Lebensverhältnisse, und zwar nicht nur im Hinblick auf die gegenwärtige, sondern auch im Hinblick auf künftige Generationen.

Hieraus folgt zunächst, dass jeder für seinen Teil verpflichtet ist, die Umwelt insoweit zu achten, dass er ihr keinen Schaden zufügt. Der hierzu von Hans Jonas aufgestellte kategorische Imperativ lautet: *Handle so, dass die Wirkungen deiner Handlung verträglich sind mit der Permanenz echten menschlichen Lebens auf Erden.*[90]

II. Umweltwohlauftrag: Das Wohl der Umwelt in zumutbarer Weise fördern

Der Umweltwohlauftrag macht es uns zur Aufgabe, die Umwelt in zumutbarer Weise zu fördern. Während es beim Eigenwohlauftrag primär um die Förderung des Eigenwohls, beim Nächstenwohlauftrag um die Förderung des Nächstenwohls und beim Gemeinschaftswohlauftrag um die Förderung des Gemeinschaftswohls geht, betrifft der Umweltwohlauftrag die Lebensbedingungen aller Menschen. Er dient damit unmittelbar sowohl der Förderung des Eigenwohls als auch der Förderung des Nächsten- und Gemeinschaftswohls. Der Umweltwohlauftrag ergibt sich damit bereits aus jedem der drei anderen Teilaufträge und bedarf keiner weiteren Begründung. Jedes Mal geht es letztlich um die Förderung des Menschenwohls und damit um die angemessene Würdigung jedes Menschen. Jeder ist somit, unabhängig von der insoweit auch bestehenden gesellschaftlichen Verpflichtung, dazu aufgerufen, im Rahmen der Zumutbarkeit an der Erhaltung und Verbesserung der Umwelt mitzuwirken und so die Lebensbedingungen menschenwürdig(er) zu gestalten. Hinsichtlich der natürlichen Umwelt heißt das beispielsweise, die Natur zu bewahren, zu schützen und gegebenenfalls wiederherzustellen sowie mit ihren Ressourcen, auch im Hinblick auf die wachsende Weltbevölkerung und künftige Generationen, verantwortlich umzugehen.

Zum Schutz der Umwelt im vorgenannten weiteren Sinn gehört vieles mehr, unter anderem auch die Sorge für Frieden und soziale Gerechtigkeit, die Pflege der kulturellen Umwelt und die Behebung menschenunwürdiger Lebensbedingungen.

E. Zusammenschau der Aufgaben

Bei der Behandlung der Aufgaben der Selbstverwirklichung wurden die einzelnen Ziele des Menschenwertauftrags (Eigen-, Nächsten-, Gemeinschafts- und Umweltwert) jeweils zusammen mit dem zugehörigen Ziel des Menschenwohlauftrags (Eigen-, Nächsten-, Gemeinschafts- und Umweltwohl) erörtert. Im Folgenden sollen nun die verschiedenen Aufgaben der Selbstverwirklichung – gruppenweise getrennt nach solchen, die sich auf die Verwirklichung des Menschenwerts (Eigen-, Nächsten-, Gemeinschafts- und Umweltwertauftrag), und solchen, die sich auf die Verwirklichung des Menschenwohls (Eigen-, Nächsten-, Gemeinschafts- und Umweltwohlauftrag) beziehen – betrachtet werden. Auf diese Weise sollen Zusammenhänge und Abstimmungsprobleme aufgezeigt werden, die unter den Zielen der einzelnen Gruppe oder zwischen Zielen beider Gruppen bestehen.

I. Ziele des Menschenwertauftrags

Im Innenverhältnis, also im Verhältnis des Einzelnen zu sich selbst, geht es beim Menschenwertauftrag im Kern darum, seinen Eigenwert zu erkennen, zu achten, zu entfalten und sich seinem Wert entsprechend menschenwürdig zu verhalten. Der Eigenwert setzt sich aus dem Human-, Individual-, Spiritual- und Sozialwert im jeweils zuvor beschriebenen Sinne zusammen. Jeder hat demnach die Aufgabe, seinen Humanwert (Menschenwürde, Menschenrechte, Menschenpflichten), Individualwert (Einmaligkeit, individuelles Potenzial), Spiritualwert (Ziele im Wissens- Kultur-, Wert- und Sinnbereich, spirituelles Potenzial) und Sozialwert (altruistische Ziele, soziales Potenzial) zu erkennen, zu achten und zu entfalten.

Im Außenverhältnis, also im Verhältnis zum Mitmenschen, zur Gemeinschaft und zur Umwelt, hat jeder die Aufgabe, den Wert jedes Mitmenschen – auch dieser hat einen Human-, Individual-, Spiritual- und Sozialwert – und jeder Gemeinschaft sowie der Umwelt zu erkennen und zu achten. Die Wertachtung besteht im Unterlassen der Zufügung von Leid und Schaden sowie dem Dulden des Mitmenschen (in seiner Andersartigkeit im Denken, Fühlen, Wollen und Handeln), der Gemeinschaft und der zu schützenden Umwelt. Jeder muss jeden Mitmenschen als gleichwertige und an Menschenrechten gleichberechtigte Person respektieren.

Bei der Entfaltung unseres Eigenwerts müssen wir also Ziele verfolgen, die unser Innenverhältnis betreffen, sowie solche, die sich auf unser Außenverhältnis beziehen. Hierbei sind jeweils bestimmte Zielrichtungen zu beachten. Im Innenverhältnis verläuft die Zielrichtung

- vom Naturzustand zum Kulturzustand, vom tierischen Verhalten zum menschenwürdigen Verhalten, vom Instinktiven, Triebhaften zum Rationellen, Geistigen,
- vom Wissen zur Wert- und Sinnerfüllung, vom bloßen Informationswissen zum Orientierungswissen, von äußeren Werten zu inneren Werten, vom geistigen zum moralischen Fortschritt, von der Geistesbildung zur Herzensbildung,
- von der Fremdbestimmung zur Selbstbestimmung,
- von der Person zur Persönlichkeit.

Im Außenverhältnis verläuft die Zielrichtung

- vom Ich zum Du, Wir, Ihr, Alle,
- vom Eigenwert zum Nächstenwert, Gemeinschaftswert und Umweltwert,
- von der Eigenverantwortung zur Sozial-, Umwelt- und Globalverantwortung.

II. Ziele des Menschenwohlauftrags

Jeder hat für sein Eigenwohl und damit für seine Grundstimmung und sein körperliches Wohl, sein Arbeits- und materielles Wohl sowie sein geistiges und soziales Wohl zu sorgen.

Im Außenverhältnis geht es darum, das Wohl des Mitmenschen, der Gemeinschaft und der Umwelt in zumutbarer Weise zu fördern. Jeder Mitmensch soll menschenwürdig behandelt werden. Hierzu gehören vor allem die jedem zumutbaren einfachen Akte der Menschlichkeit, mit denen wir dem Mitmenschen unsere Wertschätzung in Form von Freundlichkeit, Dankbarkeit, Zuwendung, Verständnis, Mitgefühl, Rücksichtnahme, Unterstützung und dergleichen zum Ausdruck bringen können. Weitergehende Förderaufgaben bestehen gegenüber Personen, die uns besonders nahestehen. Im gemeinschaftlichen Bereich ist vor allem an die Förderung solcher Gemeinschaften zu denken, denen man angehört oder sonst nahesteht oder die besonders förderungswürdig sind.

Wie bei der Entfaltung unseres Eigenwerts sollen wir uns auch bei der Förderung des Menschenwohls an einer bestimmten Zielrichtung orientieren. Sie verläuft im Innenverhältnis, also bezüglich unseres Eigenwohls

- vom äußeren, materiellen zum inneren, geistigen Wohl,
- vom intellektuellen zum kulturellen und moralischen Wohlbefinden.

Im Außenverhältnis, also hinsichtlich der Förderung des Wohls der Mitmenschen, der Gemeinschaft und der Umwelt, verläuft sie

- vom Egoismus zum Altruismus,
- vom Eigenwohl zum Wohl der Mitmenschen, der Gemeinschaft und der Umwelt,
- vom kleinen individuellen Interesse (Konkurrenzdenken) zum globalen, universellen Interesse (Kooperationsdenken),[91]
- vom Nehmen zum Geben.

III. Formulierungen aus der Literatur

Zur weiteren Veranschaulichung der Zielrichtung des Menschen-wert- und Menschenwohlauftrags werden nachstehend noch einige diesbezügliche Formulierungen aus der Literatur aufgeführt:

»Du bist nicht nur auf der Welt, um aufzuwachsen, zur Schule zu gehen, zu arbeiten, Geld zu verdienen, zu heiraten, Kinder großzuziehen und schließlich in den Ruhestand zu treten. Diese Beschäftigungen sind (...) wichtige Aspekte des Lebens, aber nicht der Sinn, nicht das Ganze. (...) Deine Probleme sind die spirituellen Gewichte, die du heben musst, um stärker zu werden. Deine Aufgabe besteht darin, durch die unbedeutenden Kleinigkeiten des Lebens *hindurchzuleuchten* und nicht, dich ganz auf sie zu konzentrieren.« (Millman)[92]

»Jeder von uns hat, symbolisch gesprochen, einen Gandhi und einen Hitler in sich. Mit »Gandhi« meine ich das Beste in uns, die größte Barmherzigkeit, mit »Hitler« das Schlechteste, unsere negativen Seiten, das Niedrige in uns. In den Lektionen unseres Lebens geht es darum, dass wir an unserer Niedrigkeit arbeiten, dass wir unsere Negativität loswerden und in uns selbst und anderen das Beste finden.« (Kübler-Ross)[93]

»Verantwortung für sich selbst und für die Welt als Ganzes übernehmen.« (Dalai Lama)[94]

Man »konzentriert (...) sich auf den wahren Sinn des Lebens, indem man seine einzigartigen Talente zum Ausdruck bringt und gleichzeitig die Bedürfnisse der Mitmenschen erfüllt.« (Chopra)[95]

»Unsere Bestimmung ruft uns, ganz bewusst das Beste in uns zu entfalten, zu unserem eigenen Wohl und zum Wohl unserer Mitmenschen.« (Williams)[96]

»Der wahre Sinn des Lebens ist der Dienst an der Verwirklichung einer besseren Welt.« (Albert Schweitzer)[97]

IV. Abstimmung der Aufgaben

1. Abstimmungsprobleme, Abstimmungskriterien

Bei der Ausführung des Menschenwohlauftrags stoßen wir oft auf Schwierigkeiten bei der Abstimmung der einzelnen Aufgaben. Dies ergibt sich bereits daraus, dass wir jeweils nur eine und nicht mehrere Aufgaben gleichzeitig ausführen können und folglich stets Prioritäten setzen müssen.

Häufig treten Abstimmungsprobleme innerhalb eines Auftragsbereichs auf, beispielsweise im Eigenbereich bei der Kollision zwischen materiellen und geistigen Zielen, im Nächstenbereich bei kollidierenden Interessen mehrerer Mitmenschen, im Gemeinschaftsbereich beim Zusammentreffen gegenläufiger Interessen der einzelnen Gemeinschaft oder mehrerer Gemeinschaften, im Umweltbereich beim Auftreten kollidierender Umweltprobleme.

Abstimmungsprobleme zwischen den Auftragsbereichen gibt es vor allem zwischen dem Eigenwohlauftrag und dem Auftrag, das Wohl der Mitmenschen und der Gemeinschaft zu fördern. Sie beruhen auf dem natürlichen Spannungsverhältnis zwischen Individualität und Sozialität, zwischen dem Individuum mit seinen Eigeninteressen sowie den Mitmenschen und Gemeinschaften mit ihren Bedürfnissen. So richtig es ist, dass der Einzelne für sich und sein Eigenwohl zu sorgen hat, so zutreffend ist es ebenfalls, dass er auch das Wohl anderer Menschen und der Gemeinschaft fördern soll. Beides – Eigen- und Fremdenwohl, Eigenverantwortung und Fremdenverantwortung – müssen angemessen berücksichtigt und ausbalanciert werden.

Wegen dieser Abstimmungsschwierigkeiten wurde bereits bei den Ausführungen zur Förderung des Nächstenwohls (vorstehend *B II 2*) und zur Förderung des Gemeinschaftswohls (vorstehend *C II 2*) darauf hingewiesen, dass der Auftrag, das Wohl anderer oder der Gemeinschaft zu fördern, nur in dem Maß für den Einzelnen gelten kann, als seine Ausführung ihm im Einzelfall unter Abwägung aller einschlägigen Gesichtspunkte zumutbar ist.

Nach welchen Kriterien soll nun die Frage der Zumutbarkeit beurteilt werden? Wegen der Komplexität des Lebens ist es nicht möglich, eine abschließende Liste der relevanten Gesichtspunkte aufzustellen. Es sollen deshalb nur einige Kriterien genannt werden, die bei der Beurteilung der Zumutbarkeit einer Fördertätigkeit oft bedeutsam sind, wobei der Begriff der Zumutbarkeit hier in einem sehr weiten, alle jeweils wichtigen Entscheidungsaspekte berücksichtigenden Sinne verstanden wird:

- Grad der Bedürftigkeit, Würdigkeit und Dringlichkeit der Förderung; ist sie zum Beispiel nötig, nützlich oder keines von beiden;
- Art und Aufwand der Förderung an Zeit und Mitteln (persönliche, sachliche und finanzielle);
- Erfolgsaussichten der Förderung (Förderungsfähigkeit und Förderungsmöglichkeit);
- Folgen der Förderung für die Ausführung anderer Aufgaben;
- Wertigkeit der jeweils konkurrierenden Rechtsgüter;
- Enge der Beziehung des Einzelnen zu der Person oder Gemeinschaft, deren Förderung in Betracht kommt.

Insgesamt wird man – ausgehend vom Menschenwert und Menschenwohl als Leitziele der Selbstverwirklichung – dem Einzelnen gerade auch im Hinblick auf seinen eigenen Wert und sein Selbstbestimmungsrecht einen weiten Ermessensspielraum bei der Beurteilung der Zumutbarkeit einräumen müssen,[98] den er unter angemessener Berücksichtigung seiner eigenen Interessen, des Wertes der Mitmenschen und der Gemeinschaft sowie der Erfordernisse eines gedeihlichen menschlichen Zusammenlebens verantwortungsbewusst ausüben muss.

Im Folgenden soll die Anwendung der vorstehend aufgeführten Kriterien bei Abstimmungsproblemen innerhalb eines Auftragsbereichs und solchen zwischen mehreren Auftragsbereichen kurz angedeutet werden.

2. Abstimmungsprobleme innerhalb eines Auftragsbereichs

Im Eigenbereich, also im Verhältnis zu uns selbst, geht nach dem Maßstab der Erforderlichkeit das körperliche und materielle Wohl sehr oft dem geistigen Wohl vor. Der Kampf um das tägliche Brot hat insoweit Priorität, wobei allerdings die Bedeutung des Spiritual- und Sozialwohls für das Basiswohl nicht übersehen werden darf. Das Problem steckt hier vor allem in der Bestimmung der Angemessenheit. Was ist für die eigene Erhaltung und Entfaltung nötig, nur nützlich oder weder das eine noch das andere? Dies wiederum hat beispielsweise Auswirkungen auf die Frage nach dem nötigen Umfang der Erwerbsarbeit. Die Frage lässt sich nicht generell, sondern nur im Einzelfall unter Berücksichtigung der konkreten Verhältnisse beantworten. Eines ist jedoch festzuhalten: Wachsamkeit und Problembewusstsein sind hier stets angebracht.

Ausgehend von der Eigenschaft und dem Wert des Menschen als geistiges Wesen und der hieraus folgenden Zielrichtung vom Materiellen zum Spirituellen, vom Basiswohl zum Spiritualwohl, müssen wir unsere materiellen Ziele stets auf ihre Erforderlichkeit und Angemessenheit hinterfragen und an dieser Zielrichtung ausrichten. Anderenfalls laufen wir Gefahr, uns auf Kosten unserer geistigen Entwicklung im Materiellen zu verlieren.

Im Nächstenbereich, also in unserem Verhältnis zum Mitmenschen, wird nach dem Kriterium der Enge der Beziehung das Wohl einer uns nahestehenden Person wie Partner, Familienmitglied, Freund etc. dem Wohl anderer Menschen in der Regel vorgehen. Nach dem Maßstab der Erforderlichkeit haben Maßnahmen, die für das Wohl der Mitmenschen wichtig und dringend sind, Vorrang vor bloß nützlichen Fördermaßnahmen. Problematisch sind die Fälle, in denen zwischen Maßnahmen, die für das Wohl nahestehender Personen nützlich, aber nicht nötig sind, und solchen, die für das Wohl sonstiger Personen besonders wichtig sind, zu entscheiden ist. Art, Aufwand und Realisierbarkeit der in Betracht kommenden Fördermaßnahme können Entscheidungshilfen bei der Interessenabwägung sein.

Im Gemeinschaftsbereich, also in unserem Verhältnis zur Gemeinschaft, ist nach dem Kriterium der Enge der Beziehung das Wohl der Gemeinschaft, die uns nahesteht (zum Beispiel weil wir ihr angehören oder sie für uns aus sonstigen Gründen bedeutsam ist), in der Regel vorrangig vor dem Wohl anderer Gemeinschaften. Auch hier kann sich aber im Einzelfall aus den übrigen Abwägungsgesichtspunkten etwas anderes ergeben.

Entsprechendes gilt für die Abwägung zwischen verschiedenen Aufgaben im Umweltbereich.

3. Abstimmungsprobleme zwischen Auftragsbereichen

Abstimmungsprobleme zwischen Auftragsbereichen stellen sich vor allem zwischen dem Eigenwohlauftrag einerseits und dem Nächsten-, Gemeinschafts- und Umweltwohlauftrag andererseits, wobei hier davon abgesehen wird, dass Eigenwohl und Fremdenwohl nicht immer gegenläufig, sondern oft auch gleichläufig sind.

Für die Abstimmung im Spannungsverhältnis Eigen-, Nächsten- oder Gemeinschaftswohl ist zunächst einmal die Art der in Betracht kommenden Förderung und deren persönlicher, sachlicher, zeitlicher und finanzieller Aufwand bedeutsam. Handelt es sich um Akte der Freundlichkeit, Dankbarkeit, Rücksichtnahme, Anerkennung und Anteilnahme, die keinen nennenswerten Aufwand erfordern, so sind diese, wie bereits bei der Behandlung des Nächstenwohlauftrags unter vorstehend *B II 2* ausgeführt, grundsätzlich jedem zumutbar. Handelt es sich dagegen um potenzielle Förderakte, die einen erheblichen Aufwand an Zeit und/oder sachlichen oder finanziellen Mitteln erfordern, ist die Frage der Zumutbarkeit eher problematisch. Je größer der Aufwand und die damit verbundene Einschränkung des Eigenwohls ist, desto gewichtiger ist der Ermessensspielraum des Einzelnen, bei dessen Ausübung neben dem Selbstbestimmungsrecht auch weitere Gesichtspunkte zu berücksichtigen sind (wie die Enge der Beziehung zu dem betreffenden Mitmenschen oder der Gemeinschaft, der Grad der Erforderlichkeit der Maßnahme, die voraussichtlichen Folgen der Fördermaßnahme für die Ausführung anderer Aufgaben und die Wertigkeit der kollidierenden Rechtsgüter).

Vorstehendes gilt für den rein privaten Bereich. Von einem Amtsträger oder Politiker erwarten wir hingegen zu Recht, dass er im Rahmen seines Aufgabenbereichs sein Eigenwohl und das Wohl ihm nahestehender Personen grundsätzlich zurückstellt und sich stattdessen von der Aufgabenstellung seines Amtes sowie vom Gemeinwohl leiten lässt.

Dritter Teil: MITTEL

Nachdem die großen Aufgaben der Selbstverwirklichung und damit des Lebens geklärt sind, stellt sich die Frage, welche Mittel für die Ausführung der Aufgaben zur Verfügung stehen. Im Wesentlichen sind es vier: die Kräfte, die Lebensverhältnisse, die Lebenszeit und verschiedene Wertmaßstäbe.

Die Kräfte, auf die wir bei der Ausführung der Aufgaben zurückgreifen können, sind unsere geistig-seelischen, intuitiven, körperlichen, sozialen und wirtschaftlichen Kräfte. Die Lebensverhältnisse, in denen wir jeweils stehen, bilden mit ihren Möglichkeiten und Beschränkungen zusammen mit den Kräften den sachlichen Rahmen, die Lebenszeit den zeitlichen Rahmen der Selbstverwirklichung. Die Wertmaßstäbe schließlich umreißen den normativen Rahmen der Selbstverwirklichung.

Die Funktion der einzelnen Mittel ist unterschiedlich. Bei den Kräften, Lebensverhältnissen und der Lebenszeit geht es um das Können. *Was kann ich? Welche Kräfte, Lebensverhältnisse und Lebenszeit stehen mir für die Selbstverwirklichung zur Verfügung?* Das Können ist als solches wertneutral. Es kann für alle möglichen Fälle eingesetzt werden, für die Friedenssicherung genauso wie für die Kriegsführung. Bei den Wertmaßstäben geht es um das Sollen. *Was soll ich?* Die Wertmaßstäbe geben an, wofür und wie wir unsere Kräfte, Lebensverhältnisse und Lebenszeit verwenden sollen. Sie haben insoweit eine Leit- und Kontrollfunktion für das Können. Sie sollen der Selbstverwirklichung dienen und müssen sich folglich an deren Leitzielen und Aufgaben ausrichten.

Die einzelnen Mittel sind für sich allein und auch wegen ihrer Beziehungen untereinander nicht statisch, sondern unterliegen mehr oder weniger häufigen Veränderungen. So ist die Entwicklung unserer Kräfte nicht nur von deren Anwendung und Pflege, sondern auch von den jeweiligen Lebensverhältnissen und der Lebenszeit (Alter) des Einzelnen abhängig. Umgekehrt werden unsere Lebensverhältnisse und Lebenszeit von der Qualität und Anwendung unserer Kräfte und Wertmaßstäbe beeinflusst. Unser Ziel muss es sein, unsere Mittel so einzusetzen, dass die Leitziele und Aufgaben der Selbstverwirklichung bestmöglich erfüllt werden.

Im Folgenden wird auf die einzelnen Mittel hinsichtlich ihrer Bedeutung und Anwendung für die Selbstverwirklichung näher eingegangen.

A. Kräfte

I. Geistig-seelische Kräfte

1. Denken

Herausragendes Unterscheidungsmerkmal des Menschen vom Tier und wichtigste Kraft des Menschen ist sein Denkvermögen. Während das Tier sich durchweg triebhaft, instinktiv und irrational verhält, ist der Mensch in der Lage, sein Verhalten rational zu bestimmen, zu kontrollieren und sich zum Gegenstand seiner Betrachtung und Beurteilung zu machen. Er besitzt die Fähigkeit, aus Wahrnehmungen Erkenntnisse zu bilden und diese kritisch zu überprüfen.

Quelle und Werkzeug des Denkens sind der Verstand und die Vernunft. Der Verstand sammelt und sichtet Informationen und Erfahrungen, vergleicht, abstrahiert, bildet Begriffe, urteilt und zieht Schlüsse aus den Urteilen. Er befähigt den Menschen dazu, mehrere Handlungsoptionen auf ihre Brauchbarkeit zu prüfen, indem er sie anhand bestimmter Kriterien analysiert, die Ergebnisse bewertet, vergleicht und nach Abwägung der Vor- und Nachteile, Chancen und Risiken entscheidet. Richtschnur des verstandesmäßigen Denkens sind die Gesetze der Logik. Wichtige Denkweisen sind das induktive, vom Speziellen zum Allgemeinen folgernde, und das deduktive, vom Allgemeinen zum Speziellen folgernde Denken.

Das Vernunftdenken im hier verstandenen Sinne geht über das Verstandesdenken hinaus. Es zielt nicht nur auf das logisch einwandfreie, richtige Urteil, sondern auf das sich erst nach umfassender Abwägung möglichst aller einschlägigen Gesichtspunkte ergebende gerechte, gute, ethisch wertvolle, weise Urteil. Während das verstandesmäßige Denken rein zweckrational und egoistisch ausgerichtet sein kann, ist das vernunftmäßige Denken stets umfassend wertrational orientiert, indem es zum Beispiel neben den eigenen Interessen auch die einschlägigen Interessen und berechtigten Erwartungen der anderen und der Gemeinschaft angemessen berücksichtigt.[99]

Weitere wichtige mentale Kräfte sind die Konzentrationsfähigkeit und das Erinnerungsvermögen.

Auf die große Bedeutung des Denkvermögens auch für die anderen geistig-seelischen Kräfte wird im Anschluss an die Darstellung der übrigen geistig-seelischen Kräfte noch eingegangen.

2. Fühlen

Wir sind nicht nur denkende, sondern auch fühlende Wesen. Unsere Gefühle können ganz unterschiedliche Inhalte und Wirkungen haben. Entscheidend für unser Befinden ist vor allem, ob es sich um gute/positive oder schlechte/negative Gefühle handelt.

Gute Gefühle sind solche, bei denen man sich wohlfühlt, die einem angenehm sind. Hierzu gehören vor allem Zufriedenheit, Dankbarkeit, Liebe, Freude, Vertrauen und Zuversicht. Jeder dieser Werte kann seinerseits verschiedene Gefühle repräsentieren. Zur Zufriedenheit gehört zum Beispiel das Gefühl des inneren Friedens, der Ruhe, der Anerkennung und Wertschätzung, der Sicherheit und Geborgenheit. Zum Gefühl der Liebe zählen Mitgefühl, Güte, Herzlichkeit und Anteilnahme. Gute Gefühle sind insoweit konstruktiv, als sie positive Wirkungen für unser Denken, Handeln und unser Umfeld haben. Sie werden hier deshalb auch als *positive Gefühle* bezeichnet.

Schlechte Gefühle sind solche, bei denen man sich unwohl fühlt, die einem Unbehagen bereiten. Solche Gefühle stellen sich zum Beispiel ein bei Kummer, Angst, Ärger, Eifersucht, Neid, Hass, Zorn und Wut. Unangenehme Gefühle sind weitgehend destruktiv. Wegen ihrer negativen Wirkungen auf das eigene Denken, Handeln und das Umfeld werden sie hier auch *negative Gefühle* genannt.

Bereits diese Gegenüberstellung der Wirkungen guter und schlechter Gefühle macht die große Bedeutung der Gefühle offensichtlich. Gefühle sind emotionale Kräfte, die von ganz entscheidender Bedeutung für unser körperliches und seelisches Befinden, unser Denken und Handeln, kurzum für unser Leben sind. Sie wirken wie Magneten. Positive Gefühle ziehen positive Wirkungen, negative Gefühle ziehen negative Wirkungen an. Dies gilt umso mehr, je intensiver die Gefühle sind. Byrne drückt dies so aus: »Ihre Gefühle sind der Treibstoff. Ihre Gedanken und Worte hätten ohne Gefühle überhaupt keinen Einfluss auf Ihr Leben. (...) Das, was Sie *fühlen*, ist das Entscheidende.«[100] Oder anders ausgedrückt: Wünsche ohne Gefühle sind wie Autos ohne Benzin.

Bezüglich der Ermittlung der Ursachen der Gefühle kann an die Ausführungen zur Entstehung negativer Einstellungen und Verhaltensweisen unter *A II 2 b* des zweiten Teils angeknüpft werden. Danach sind Gefühle weitgehend emotionale Reaktionen auf die Interpretation von Reizen. Wir nehmen Reize wahr, deuten diese und reagieren dann emotional auf diese Deutung. Auf das Entstehen von Reizen und deren Wahrnehmung haben wir wenig Einfluss. Anders liegt es bei der Interpretation der wahrgenommenen Reize. Interpretationen sind Gedanken, die unter anderem auf Einstellungen, Überzeugungen und Erwartungen beruhen, also auf Umständen, die wir beeinflussen können. Die Ursachen unserer Gefühle sind insoweit unsere Gedanken.[101]

Die Steuerung der Gefühle erfolgt somit über die Steuerung der Gedanken. Wollen wir positive Gefühle erzeugen oder verstärken, müssen wir positive Gedanken haben, also an Dinge oder Erlebnisse denken, die angenehme Gefühle hervorrufen, die uns beispielsweise veranlassen, zufrieden, dankbar, liebevoll, freudig, vertrauensvoll oder zuversichtlich zu sein. Wollen wir negative Gefühle beseitigen, müssen wir uns von den ihnen zugrunde liegenden negativen Gedanken lösen und sie durch positive Gedanken ersetzen. In beiden Fällen geht es darum, sich in eine positive Grundstimmung zu versetzen, also möglichst viel Zufriedenheit, Dankbarkeit, Liebe, Freude, Vertrauen und Zuversicht zu empfinden und zu zeigen. Näheres hierzu findet sich bei den Ausführungen zur Sorge für das Grundstimmungswohl unter *A II 2 a* des zweiten Teils.

3. Vorstellen

Eng mit dem Denkvermögen und dem Fühlen hängt die Vorstellungskraft, die Fantasie zusammen. Wir haben neben unserer Fähigkeit, Bestehendes mit unseren fünf Sinnen wahrzunehmen und uns an Vergangenes zu erinnern, auch die Fähigkeit, uns (noch) nicht Bestehendes vorzustellen. Dies kann so geschehen, dass wir uns eine Zukunftsvision ausmalen. Es kann aber auch in der Weise erfolgen, dass wir das künftige Geschehen geistig soweit vorwegnehmen, dass wir es als bereits bestehend empfinden. Werkzeuge der Vorstellungskraft sind unsere Gedanken (sich etwas auszudenken) und unsere Wahrnehmungssinne, vor allem das Sehen und Fühlen, aber auch das Hören, Riechen und Schmecken. Je mehr Sinne wir einsetzen und je intensiver das Vorstellungsbild ist, desto eindrucksvoller werden die damit vorgestellten inneren Bilder.

Die Bedeutung der Vorstellungskraft liegt in ihrer Realisationskraft, also in ihrem Einfluss auf die Wirklichkeit. Denken wir beispielsweise bei einer Unternehmung ständig an das Schlimmste und malen uns deren negativen Ausgang in den düstersten Farben aus, so lähmen wir uns, werden mut- und kraftlos, voller Angst, und ziehen so den Misserfolg förmlich an. Denken wir dagegen intensiv an einen erfolgreichen Ausgang, malen uns diesen mit all unseren Sinnen aus und fühlen, wie wir von Tag zu Tag voller Energie unserem Ziel immer näher kommen, erwachsen uns ungeahnte Kräfte, sehen wir plötzlich überall Chancen und packen unser Vorhaben mit Begeisterung an – mit der Folge, dass wir unser Ziel entsprechend schnell erreichen.

Taylor begründet die Macht der Vorstellungskraft damit, dass unser Gehirn nicht zwischen einer Erfahrung und einer lebhaften Vorstellung unterscheiden könne: »Wenn wir unsere Seh- Erwartungen verändern, formen wir nicht nur unsere beobachtbare Realität um, sondern auch das, was unser Bewusstsein erzeugt.«[102]

Millman schreibt hierzu: »Wenn du dir positive Bilder, günstige Umstände und erfolgreiche Resultate ausmalst, dann werden diese Bilder in deinem Unterbewusstsein Wirklichkeit. Dein Unterbewusstsein wird auf solchen Erfahrungen aufbauen und immer ähnliche Ereignisse anziehen.«[103]

Im Ergebnis ist festzuhalten: Bei der Verfolgung unserer Ziele und damit auch der Selbstverwirklichung müssen wir die Macht der Vorstellungskraft für uns einsetzen. Was wir wollen, wünschen und lieben müssen wir uns zunächst gedanklich und mit allen Sinnen immer wieder intensiv vorstellen, um es dann auch zu erhalten. Es gilt das Motto: *Erst innen, dann außen.*

4. Wollen

Das *Wollen* im hier verstandenen Sinn ist die bewusste Entscheidung für die Ausführung eines bestimmten Verhaltens, das in einem Tun oder Unterlassen bestehen kann. Die Entscheidung basiert auf bestimmten Motiven. Sie unterscheidet sich von dem rein instinktiven, triebhaften Streben dadurch, dass sie bewusst getroffen wird, von dem bloßen Interesse und den Wünschen durch ihren Umsetzungscharakter. Das *Wollen* oder die *Willenskraft* bezeichnet demnach die Fähigkeit, sich aufgrund von Beweggründen zu einem bestimmten Verhalten zu entscheiden und diese Entscheidung auch umzusetzen.

Wie die Vorstellung besitzt auch das Wollen eine ihm eigene Realisationskraft. Ohne die Willenskraft würde das Denken, Vorstellen und Fühlen nur zu einer nicht umgesetzten Vision führen. Erst die Willenskraft befähigt uns zu einem zielgerichteten Verhalten. Sie ist sozusagen die Antriebskraft für die Selbstverwirklichung. Während die übrigen geistig-seelischen Kräfte das Ziel bestimmen, hängt es letztlich vom Willen ab, ob es zur Verwirklichung des Ziels kommt.

5. Erwarten

Unter dem Begriff des *Erwartens* wird hier der feste Glaube an den Eintritt oder Nichteintritt eines künftigen Ereignisses verstanden. Erwarten ist also mehr als das bloße Wünschen und Hoffen. Die Erwartung kann positiv oder negativ sein. Positiv ist sie, wenn sie davon ausgeht, dass das angestrebte Geschehen eintreten wird. Negativ ist sie, wenn sie annimmt, dass das angestrebte Ziel nicht erreicht wird. Die positive Erwartungshaltung kennzeichnet den Optimisten, die negative Erwartungshaltung den Pessimisten.

Der Inhalt unserer Erwartungen hat bedeutsame Folgen. Er beeinflusst unser Denken und Fühlen, unsere Wahrnehmung, unser Handeln und damit unser Schicksal. Erwarte ich einen positiven Ausgang, richte ich meine Sinne, Gedanken und Gefühle verstärkt auf Faktoren, die diesen Ausgang begünstigen und entscheide und handle auf dieser Basis. Gehe ich von einem negativen Ausgang aus, ist es umgekehrt. Der Erfolgsglaube des Optimisten treibt ihn immer weiter voran. Der fehlende Erfolgsglaube des Pessimisten lähmt ihn, legt ihm förmlich Handschellen an. Die Erwartung in Gestalt des Erfolgsglaubens hat also großen Einfluss darauf, ob das angestrebte Ziel erreicht wird oder nicht. Die Realisationskraft der Erwartung ist dabei umso größer, je stärker wir an den Eintritt des erwarteten Ausgangs glauben.

Unsere Erwartungen stellen demnach eine bedeutsame Kraft dar, die wir bei der Verfolgung unserer Ziele einsetzen müssen. Um etwas zu bewirken, müssen wir fest an den Erfolg glauben und entsprechend dieser Einstellung handeln, frei nach dem Motto: *Der Glaube versetzt Berge.* Dabei gilt es positive, wertvolle Erwartungshaltungen zu schaffen und zu pflegen, negative Erwartungen hingegen zu vermeiden beziehungsweise zu beseitigen.

6. Macht der geistig-seelischen Kräfte und deren Anwendung

Macht der geistig-seelischen Kräfte

Die geistig-seelischen Kräfte sind unsere wichtigsten Gestaltungsmittel. Sie dienen uns als Steuerungs-, Kontroll- und Änderungsmittel und prägen unsere individuelle Wirklichkeit. Was wir mit unseren Gedanken, Gefühlen, Vorstellungen, Absichten und Erwartungen säen, werden wir ernten.[104] Man kann sie deshalb auch als *Mittel der Selbstprogrammierung* oder der *Autosuggestion* bezeichnen.

Als Steuerungsmittel helfen sie uns bei der Zielsetzung und zusammen mit unserem Tun bei der Zielausführung. Was wir denken, fühlen, wollen, erwarten und uns vorstellen, drängt auf Verwirklichung. Diese Realisationskraft ist umso größer, je intensiver und je mehr geistig-seelische Kräfte dabei eingesetzt werden. Dies gilt umso mehr, als jede Kraft Einfluss auf die anderen Kräfte hat. Unser Denken beeinflusst zum Beispiel unsere Vorstellung, Gefühle und Erwartungen. Umgekehrt sind unsere Gefühle der Treibstoff für unser Denken, Wollen und Tun. Neben dem Kopf ist also auch unser Herz/Gemüt für ein erfolgreiches Agieren nötig. Ebenso muss zum Wollen das Denken und Fühlen hinzukommen, sonst ist das Handeln nur Zwang und Krampf. Richtig eingesetzt hat jede geistig-seelische Kraft eine Verstärkungswirkung für jede andere Kraft, was wiederum zu Rückwirkungen der verstärkten Kraft auf die anderen Kräfte führt.

Als Kontroll- und Änderungsmittel geben die geistig-seelischen Kräfte uns die Möglichkeit, unsere Gedanken, Gefühle, Wünsche, Erwartungen und Vorstellungen, die sich oft wie undisziplinierte, zügellose Wildpferde verhalten, zu kontrollieren und zu ändern.

Darüber hinaus beeinflussen unsere geistig-seelischen Kräfte unsere Sinneswahrnehmungen sowie deren Interpretation und prägen so unsere individuelle Wirklichkeit. Was wir wahrnehmen und wie wir das Wahrgenommene deuten, hängt wesentlich von unseren Gedanken, Vorstellungen, Gefühlen, Wünschen und Erwartungen ab. Taylor führt hierzu aus: »Wenn wir unglücklich sind, liegt dies nicht daran, dass wir nicht den richtigen Job, das richtige Auto oder das richtige Haus hätten. Vielmehr besitzen wir nicht die richtige Überzeugung oder innere Einstellung.« Wir müssen »nicht unsere Lebensumstände ändern, sondern nur die Bedeutung, die wir der jeweiligen Situation geben.«[105] Die Kurzfassung hierzu liefert Chopra mit den Worten: »Die Wirklichkeit ist eine Sache der Interpretation.«[106]

Wollen wir unsere Innen- oder Außenwelt ändern, so müssen wir also vor allem unser Denken, Fühlen, Vorstellen, Wollen und Erwarten ändern.[107] Es ist deshalb wichtig, auf den Inhalt unseres Bewusstseins zu achten und ihn gegebenenfalls zu ändern.

Anwendung der Macht der geistig-seelischen Kräfte
Aus der Bedeutung der geistig-seelischen Kräfte folgen drei wichtige Grundsätze für das Vorgehen bei der Selbstverwirklichung:

(1) *Erst innen, dann außen und nicht umgekehrt.*[108]
Wir sollen zuerst die gewünschte Einstellung in uns schaffen, das Gewünschte also geistig und gefühls-, vorstellungs-, willens- und erwartungsmäßig vorwegnehmen, damit das gewünschte Ereignis auch tatsächlich eintritt, und nicht umgekehrt darauf warten, dass ein äußeres Ereignis eintritt, das dann die gewünschten Gefühle (wie Freude, Liebe, Glück etc.) in uns auslöst,[109] sonst machen wir uns von der Umwelt und dem Verhalten anderer abhängig.

(2) *Konzentriere dich mit all deinen Kräften auf das, was du willst* (wie zum Beispiel Zufriedenheit, Freude, Gesundheit), *und nicht auf das, was du nicht willst* (wie beispielsweise Unzufriedenheit, Unglück, Krankheit).

Hierfür sind zwei Fragen zu beantworten: *Was will ich und wie kann ich es erreichen?* Unsere Ziele sollen wir bewusst verfolgen. *Bewusst* heißt hier, dass unser Tun von unserem Denken, möglichst aber auch von unseren anderen geistig-seelischen Kräften positiv begleitet wird. Erst der kombinierte Einsatz aller Kräfte verleiht der Zielrichtung die wünschenswerte Dynamik.

Zur Veranschaulichung der Anwendung unserer geistig-seelischen Kräfte können wir uns eine Schalttafel vorstellen, auf der sich für jede dieser Kräfte ein Schalthebel befindet. Bei der Anwendung geht es bildhaft nun darum, jede Kraft durch Bedienung des betreffenden Schalthebels auf ein bestimmtes gemeinsames Ziel einzustellen. Angewandt auf das Ziel *Lösen einer bestimmten Aufgabe* heißt das beispielsweise: Wir müssen unser Denken auf die Aufgabe konzentrieren, uns bildhaft den Weg zur Lösung und deren Eintritt vorstellen, dabei starke Gefühle der Freude und Begeisterung an der Lösung der Aufgabe empfinden und dies mit dem starken Willen und der festen Erwartung verbinden, dass die Aufgabe bald gelöst ist.

Jeder hat demnach die Möglichkeit und die Aufgabe, seine geistig-seelischen Kräfte in die gewünschte Richtung zu lenken. Er muss selbst entscheiden, was er denken, fühlen und erreichen will, was ihm wesentlich ist und ihm nachhaltig guttut. Wir haben »die Macht, unsere Realität anders zu gestalten.«[110] Haanel fügt dem ergänzend hinzu: »Das wahre Geheimnis der Macht ist das Bewusstsein der Macht«.[111]

Durch Steuerung unserer geistig-seelischen Kräfte können wir jederzeit unser Leben ändern.[112] Die Entscheidung, ob und wie wir unser Leben selbst gestalten und selbst bestimmen wollen, wofür wir uns im Leben einsetzen, liegt also bei jedem von uns allein, und zwar jeden Tag von Neuem. Letztlich kann uns keiner unglücklich machen, wenn wir es nicht zulassen.

(3) *Konzentriere dich mit all deinen Kräften auf deine Selbstverwirklichungsaufgaben,* also darauf, deinen Wert zu erkennen, zu achten und zu entfalten und für dein Wohl zu sorgen sowie den Wert des Mitmenschen, der Gemeinschaft und der Umwelt zu erkennen und zu achten und deren Wohl in zumutbarer Weise zu fördern.

II. Intuitive Kräfte

Begriff

Intuitive Kräfte sind Kräfte, die Intuitionen hervorrufen. Eine Intuition ist eine »unmittelbare, nicht durch Erfahrung oder verstandesmäßige Überlegung (Reflexion) gewonnene Einsicht« beziehungsweise Eingebung.[113] Die Eingebung kann in unterschiedlicher Weise auftreten: als Gedankenimpuls (zum Beispiel Idee, Geistesblitz, Einfall) oder innere Vision, als innere Stimme oder als ein Gefühl des Körpers, insbesondere in der Herz- oder Bauchgegend (Solarplexus, Sonnengeflecht).[114] Zur Kennzeichnung der Herkunft dieser Eingebungen werden sehr unterschiedliche Bezeichnungen verwandt: Das *Unbewusste* beziehungsweise *Unterbewusstsein,* die *innere Stimme* oder der *innere Führer* oder *Helfer,* die *Seele* oder die *Weisheit des Herzens* beziehungsweise *des Universums,* die *höhere Kraft,* das *höhere Selbst,* der *universelle Geist* oder schließlich *Gott.*[115] Stellt man begrifflich nicht auf die Wirkung, sondern auf die Herkunft der Kräfte ab, so werden die Kräfte, die

die Eingebungen hervorbringen, nicht als intuitive Kräfte, sondern entsprechend der angenommenen Herkunftsquelle zum Beispiel als unbewusste, seelische, höhere, spirituelle oder göttliche Kräfte bezeichnet.

Bedeutung

Die Bedeutung der Intuition ergibt sich aus ihrem Inhalt und Zweck. Die Bezeichnung ihrer Herkunftsquelle als innerer Helfer, universelle Weisheit oder Gott deutet es schon an: Es handelt sich um wertvolle Informationen für uns. Sie erscheinen uns in der Regel entweder als Gedanke beziehungsweise Vision bei der Ideenfindung (zur Lösung eines Problems), dies gilt insbesondere für schöpferische Ideen, oder als ein Herz- oder Bauchgefühl des Wohlbefindens oder Unbehagens bei der Entscheidungsbildung.

Die Bedeutung der Intuition für die Ideenfindung ist bekannt. Jeder macht täglich die Erfahrung, wie ihm plötzlich, unverhofft, ohne irgendwelche rationale Anstrengung wertvolle Ideen wie Geistesblitze kommen. Die Bedeutung der Intuition für die Entscheidungsfindung zeigt sich, wenn wir uns vergegenwärtigen, wie wir unsere Entscheidungen treffen.

Teilweise gehen wir dabei rational vor (*rationale Entscheidungsbildung*). Für die Auswahl unter mehreren Optionen stellen wir Kriterien auf, prüfen diese für jede Option, vergleichen die Ergebnisse und treffen nach Abwägung des Für und Wider der einzelnen Option die Auswahlentscheidung. Als Beispiel möge der Kauf eines Haushaltsgerätes dienen, das bestimmte Funktionen erfüllen soll.

Bei einer zweiten Gruppe von Entscheidungen gehen wir dagegen irrational beziehungsweise intuitiv vor, indem wir die Entscheidung anhand eines Gefühls treffen. Fühlt sich die Entscheidungsoption ihrem Inhalt nach gut an, führen wir sie aus. Ist dies nicht der Fall, lehnen wir sie ab (*intuitive Entscheidungsbildung*). Die intuitive Auswahl kann aus Bequemlichkeitsgründen erfolgen. Wir wollen uns einfach nicht die Mühe machen, die uns wichtigen Kriterien festzustellen und dann auf jede Auswahloption anzuwenden. Oft geschieht es aber auch, weil unser Verstand einfach überfordert ist, die Auswahl zu treffen. Dies gilt insbesondere für komplexe Aufgabenstellungen und solche, bei denen das Gefühl stark beteiligt ist, wie beispielsweise beim Erwerb eines Kunstwerks oder bei der Partnerwahl. Hier zeigt sich, dass unser Verstand beziehungsweise Urteilsvermögen beschränkt ist und bei der Abwägung einer Vielzahl von Kriterien und der Berücksichtigung von Emotionen schnell an seine Grenzen stößt.

Bleibt eine dritte Gruppe von Entscheidungen, bei denen wir sowohl rational als auch intuitiv vorgehen. Jede einzelne Entscheidungsoption wird erst (verstandesmäßig) überdacht, dann überfühlt und danach die Entscheidung getroffen (*rationale und intuitive Entscheidungsbildung*). Führen beide Verfahren zum gleichen Ergebnis, wird die betreffende Option im positiven Fall durchgeführt, im negativen Fall nicht durchgeführt. Führen beide Verfahren nicht zum gleichen Ergebnis – der Kopf/Verstand will etwas anderes als das Herz/Gefühl –, wird es problematisch. Man muss dann notgedrungen einem der beiden Verfahren den Vorzug geben, also eine Lösung wählen, die einen nicht voll befriedigen wird.

Im Ergebnis zeigt die Art unserer Ideen- und Entscheidungsfindung, dass die Intuition ein wichtiges praktisches Erkenntnismittel hierfür ist.

Vergleich von Intuition und Verstand

Die Bedeutung der Intuition und damit der intuitiven Kräfte wird noch deutlicher, wenn man sie mit den verstandesmäßigen Kräften vergleicht. Vorzüge des Verstandes sind, dass er zielgerichtet, präzise und effektiv arbeitet, analytisch, systematisch und kritisch das Für und Wider einer Lösung abwägt, und zwar in einer argumentativ nachvollziehbaren Weise. Die Schwäche des Verstandes besteht in seiner geringen Kapazität und seinem engen Erkenntnisbereich. Seine begrenze Kapazität zeigt sich vor allem bei Fragestellungen, bei denen eine Vielzahl von Faktoren, insbesondere normativer oder emotionaler Art, zu berücksichtigen sind. Hier stößt der Verstand bei seinem Bemühen um eine rational begründbare Lösung sehr bald an seine Grenzen. Der Einsichtsbereich des Verstandes wird auch durch seine ziel- und detailorientierte Ausrichtung eingeschränkt, die alles unberücksichtigt lässt, was nicht zum Ziel führt. Darüber hinaus denkt der Verstand mithilfe der Sprache in abstrakten Begriffen und Kategorien. Dies hat zwar den großen Vorteil, dass er eine Vielzahl von Einzelinformationen unter dem Namen eines einzigen Sammelbegriffs komprimieren kann, führt aber andererseits dazu, dass wir die Wirklichkeit nur noch verengt und verzerrt durch die Brille unserer abstrakten Konzepte sehen.[116]

Die Herkunftsquelle der Intuition zeichnet sich aus durch ihre große Kapazität, ihre weite Perspektive - die viele Gesichtspunkte, vor allem auch unsere Gefühle und unbewussten Bedürfnisse berücksichtigt - , ihre synthetische und sprachunabhängige Arbeitsweise - die viele Aspekte zu einer Lösung verdichtet - und durch ihre Kreativität.[117] Schwachpunkte dieser Erkenntnisquelle gegenüber dem Verstand sind: Sie lässt sich nicht so einfach zielgerichtet und präzise anwenden, sie ist unkritisch und bedarf deshalb bei wichtigen Entscheidungen der Überprüfung und Kontrolle durch den Verstand. Sie arbeitet zum Teil sehr schnell, zum Teil aber auch wesentlich langsamer als der Verstand und ihre Ergebnisse sind nicht nachvollziehbar, denn es bleibt unklar, wie sie im Einzelnen entstanden sind.[118]

Wir brauchen demnach beides: Verstand und Intuition, wobei ihr Einsatzbereich allerdings unterschiedlich ist. Der Verstand ist das optimale Mittel, wenn es um einfache Entscheidungen geht, bei denen es auf die Beachtung nur weniger Faktoren ankommt, wie zum Beispiel beim Kauf eines einfachen Gebrauchsgegenstandes.[119] Er eignet sich ferner vorzüglich für die Erhebung und Aufbereitung von Informationen und für die Überprüfung und Kontrolle neuer Ideen und Entscheidungsoptionen auf ihre praktische Durchführbarkeit hin. Das Unbewusste – der innere Helfer oder wie man es auch nennen mag – ist dagegen das geeignete Mittel, um schöpferische Ideen zu finden und angemessene Entscheidungen bei komplexen Sachverhalten (wie der Kauf eines Hauses, die Wahl eines Partners etc.) zu treffen.[120] Dies gilt speziell für solche Aufgabenstellungen, bei denen es um Gefühle und die Befriedigung unbewusster Bedürfnisse geht oder für die wenig Informationen zur Verfügung stehen beziehungsweise schwierige Prognosen zu stellen sind.[121] Aber auch hier brauchen wir ergänzend den Verstand, sowohl für die Vorbereitung der intuitiven Entscheidung durch Erheben und Aufbereiten der relevanten Daten als auch für die Überprüfung der Intuitionen auf ihre Verwendbarkeit.[122] Hierbei müssen wir oft mangels eigener Kenntnisse auf externe Informationsquellen (einschlägige Literatur, Expertenrat etc.) zurückgreifen.

Im Ergebnis ist somit festzuhalten: Nur wenn wir im jeweils gebotenen Umfang rational und intuitiv vorgehen, können wir zu Ideen und Entscheidungen gelangen, die nicht nur rein logisch sind, sondern auch andere Gesichtspunkte berücksichtigen, insbesondere auch unsere Gefühle und unbewussten Bedürfnisse.[123]

Macht der intuitiven Kräfte

Gerd Gigerenzer, Direktor des Max-Planck-Instituts für Bildungsforschung in Berlin, kommt aufgrund zahlreicher wissenschaftlicher Untersuchungen zu dem Ergebnis: »An der Intuition führt kein Weg vorbei; ohne sie brächten wir wenig zustande.«[124] Und Kast hält es für nachgewiesen, »dass das Unbewusste zum Teil sogar *besser* denken kann als der bewusste Verstand«[125] und führt hierzu aus: »Eins ist sicher: Dass die Intuition dem Verstand nicht selten haushoch überlegen ist. Auch dazu haben sich in den letzten Jahren so viele Befunde angehäuft, dass daran kein Zweifel mehr besteht.«[126]

Wir verfügen also nicht nur über die Macht unserer geistig-seelischen Kräfte, sondern auch über die Macht der intuitiven Kräfte. Entscheidend ist, dass wir uns ständig der Macht unserer geistig-seelischen und intuitiven Kräfte bewusst sind und sie immer wieder sachgerecht anwenden.[127]

Weg zu den intuitiven Kräften

Die Bedeutung unserer intuitiven Kräfte verweist auf die Bedeutung des Weges nach innen. Wenn wir mit unserem Inneren im Einklang sein wollen, müssen wir auf unser Unterbewusstsein, unseren inneren Helfer hören und uns nicht allein auf unseren Verstand, Bücher, Lehrer, Fachleute, Wissenschaftler oder gar Hellseher verlassen.

Doch wie kommen wir nun zur Eingebung von guten Ideen und richtigen Entscheidungen für die Lösung unserer Aufgaben? Wie können wir es erreichen, dass unser Unterbewusstsein uns bei der Ideenfindung, Entscheidungsbildung und sonstigen Problemlösung hilft? In der esoterischen Literatur heißt es dazu schlagwortartig: *sich mit dem Unterbewusstsein, dem inneren Helfer* oder *der universellen Weisheit verbinden* oder *bewusst mit Gott zusammenarbeiten, Fragen stellen und sodann auf die innere Stimme* oder *das Herz- oder Bauchgefühl achten.*[128]

Im Wesentlichen lässt sich aus diesen Ausführungen eine Vorgehensweise in sechs Schritten ableiten:

1. *In die Stille gehen*, den Geist ruhig stellen, entspannen, die Aufmerksamkeit nach innen richten.

2. *Verbindung zum Unterbewusstsein herstellen* (wobei das Wort Unterbewusstsein austauschbar ist und im Folgenden stellvertretend für alle anderen möglichen Bezeichnungen für die Herkunft der Intuitionen verwandt wird). Die Verbindung zum Unterbewusstsein wird hergestellt durch tiefes Vertrauen in dessen Fähigkeiten sowie durch die Einstimmung auf höhere Werte wie Freiheit, Verantwortlichkeit, Wahrhaftigkeit, Frieden, Toleranz und Menschenliebe. Wichtig ist vor allem die Motivation für die angestrebte Verbindung. Sie sollte von dem Wunsch getragen sein, durch Denken und Tun Gutes für die eigene Weiterentwicklung und das Wohl der Mitmenschen, der Gemeinschaft und der Umwelt zu leisten.[129]

3. *Fragen an das Unterbewusstsein stellen und um Antworten bitten,*[130] zum Beispiel: Wie kann ich dieses Problem am besten lösen, zum Wohl von mir und zum Wohl der anderen? Oder: Welche Entscheidung soll ich treffen, wie soll ich urteilen oder handeln, um das Bestmögliche zu bewirken? Je präziser die Fragestellung ist, desto größer sind die Erfolgsaussichten.

4. *Dem Unterbewusstsein die Lösung* der aufgeworfenen Frage, Sorge, Angst *anvertrauen*, in der Gewissheit, dass es die richtige Lösung findet. Hierbei ist es wichtig, das Problem loszulassen, die Lösung nicht erzwingen zu wollen, sondern Geduld und Gelassenheit zu zeigen.[131]

5. *Aufmerksam auf Antworten achten.* Die erwünschten Intuitionen können in unterschiedlicher Form erscheinen: als plötzliche Einfälle, innere Bilder, Stimmen oder als ein Körpergefühl in der Herz- oder Bauchgegend. Deshalb ist es auch wichtig, seine Gefühle zu beachten und sich bei der in Betracht kommenden Entscheidungsmöglichkeit zu fragen: Wie fühle ich

mich, wenn ich diese Option wähle, und wie ist mein Gefühl, wenn ich sie nicht wähle? Fühlt sich die einzelne Entscheidungsoption gut an oder ruft sie in mir ein Gefühl des Unwohlseins hervor?

6. *Mögliche Antworten sorgfältig darauf prüfen, ob es sich um echte Intuitionen handelt.*[132] Hierfür ist gegebenenfalls mehrfach in zeitlichem Abstand zu fragen:
   o Was für ein Gefühl habe ich bei dieser Inspiration?
   o Dient die inspirierte Lösung einem wertvollen Ziel?
   o Hilft sie mir, meine Ziele zu erreichen?
   o Fühle ich mich bei dieser Lösung gut?
   o Ruft sie in mir ein Gefühl der Ruhe, Harmonie und Stimmigkeit hervor?

Diese Vorgehensweise in sechs Schritten ist gegebenenfalls mehrfach zu wiederholen, bis sich die gewünschte Intuition beziehungsweise Problemlösung mit der Gewissheit einstellt, dass sie die richtige Antwort auf die gestellte Frage ist.

III. Körperliche Kräfte

Der Körper ist unsere Lebensgrundlage. Er ist Sitz unserer Wahrnehmungsorgane und unseres Erkenntnis-, Entscheidungs- und Handlungsvermögens. Ist unser Körper geschwächt, wirkt sich dies negativ auf unser Selbstverwirklichungsvermögen aus. Es ist wichtig, sich dies immer wieder bewusst zu machen und sich positiv auf seinen Körper und dessen Kräfte einzustellen sowie entsprechend zu verhalten. Die Sorge für die körperliche Gesundheit ist eine wichtige Aufgabe. Hinsichtlich der sich hieraus ergebenden Folgen für den Umgang mit unserem Körper wird auf die Ausführungen zur inneren und äußeren Körperpflege unter *A II 3 a* des zweiten Teils verwiesen.

IV. Soziale Kräfte

Soziale Kräfte sind die Möglichkeiten, die die soziale Umwelt uns für die Befriedigung unserer materiellen und immateriellen Bedürfnisse und Interessen bietet. Diese können der Erhaltung und Entfaltung unseres Grundstimmungs- und körperlichen Wohls, des materiellen, geistigen und sozialen Wohls sowie des Arbeitswohls dienen.

Im zwischenmenschlichen Bereich bietet uns der Kontakt mit den Mitmenschen die Möglichkeit zur
- Kommunikation (Austausch von Informationen, Erfahrungen, Gedanken und Gefühlen, Teilen von Freud und Leid),
- Kooperation auf materiellem und spirituellem Gebiet,
- Erkenntnis und Entfaltung der eigenen Individualität (Talente, Fähigkeiten, Stärken und Schwächen) durch Vergleich mit anderen,
- Überprüfung, Änderung und Erweiterung der eigenen Ansichten und Überzeugungen,
- Unterstützung durch andere in materieller und immaterieller Hinsicht, zum Beispiel in fachlicher oder menschlicher Weise (durch Achtung, Respekt, Mitgefühl, Zuspruch etc.),
- Übernahme von Dienstleistungen und Verantwortung für andere.

Im gemeinschaftlichen Bereich bieten die verschiedenen Arten von Gemeinschaften wie Familie, Arbeits- und Berufsgemeinschaften sowie Wirtschafts-, Sozial- und religiöse Gemeinschaften uns umfangreiche Möglichkeiten für unsere Selbstverwirklichung. Man denke nur an

- die Sicherheit, Geborgenheit, Anerkennung und Unterstützung, die wir in und durch die Gemeinschaft erfahren können, besonders durch die Familie,
- die Vielzahl privater und öffentlicher Einrichtungen der Daseinsfürsorge und Daseinsvorsorge,
- die Erwerbs- und Gestaltungsmöglichkeiten, die die Gemeinschaften bieten.

Bereits diese Beispiele aus dem zwischenmenschlichen und gemeinschaftlichen Bereich zeigen die Bedeutung des sozialen Umfelds für die Selbstverwirklichung, besonders für die Entfaltung des Eigenwerts und die Besorgung des Eigenwohls.

Hieraus folgt: Wir müssen die Möglichkeiten, die die soziale Umwelt uns für die Selbstverwirklichung bietet, erkennen, nutzen und möglichst ausbauen. Hierfür sind vor allem der Aufbau und die Pflege guter Beziehungen zu Mitmenschen und Gemeinschaften und damit zusammenhängend die ständige Arbeit an der Verbesserung unserer sozialen Kompetenzen wie Kommunikations- und Kooperationsfähigkeit, Offenheit, Verständnis und Einfühlungsvermögen förderlich. Dies gelingt umso mehr, je mehr wir uns für die Belange der Mitmenschen und der Gemeinschaft interessieren und einsetzen.

Ein guter Weg hierzu ist die Ausführung des Nächstenwert- und Nächstenwohlauftrags, des Gemeinschaftswert- und Gemeinschaftswohlauftrags und des Umweltwert- und Umweltwohlauftrags, wie sie im zweiten Teil unter *B*, *C* und *D* näher beschrieben sind. Auf diese Weise können wir unsere Möglichkeiten der Selbstentfaltung und über deren Ausnutzung unsere Lebensqualität erheblich steigern.

V. Wirtschaftliche Kräfte

Wirtschaftliche Kräfte sind materielle Güter einschließlich der finanziellen Mittel. Auf die Bedeutung eines gewissen Grundbestands an materiellen Gütern für unser körperliches, seelisches, geistiges und soziales Wohl wurde bereits im zweiten Teil unter *A II 5 a* hingewiesen. Wirtschaftliche Kräfte geben uns die Möglichkeit, unsere elementaren materiellen Bedürfnisse zu befriedigen und darüber hinaus auch in geistiger und sozialer Hinsicht ein unseren Vorstellungen entsprechendes Leben zu führen. Darüber hinaus sind sie für unsere wirtschaftliche und geistige Unabhängigkeit sehr wichtig. Ferner ermöglichen sie, sich in materieller oder immaterieller Weise für das Wohl von Mitmenschen oder der Gemeinschaft einzusetzen. Sie erweisen sich so als wichtige Mittel für die Selbstverwirklichung, und zwar sowohl für die Entfaltung des Eigenwerts und die Sorge für das Eigenwohl als auch für die Förderung des Nächsten-, Gemeinschafts- und Umweltwohls.

Der entscheidende Gesichtspunkt bei allem ist, wie bereits unter *A II 5 c* des zweiten Teils festgestellt, die Erkenntnis und Beachtung, dass die wirtschaftlichen Kräfte stets nicht Selbstzweck, sondern nur Mittel zum Zweck sind und im zumutbaren Umfang auch zum Wohl der Mitmenschen, der Gemeinschaft und Umwelt eingesetzt werden sollen.

B. Lebensverhältnisse

Die Arbeit an unserer Selbstverwirklichung findet mitten im Leben mit seinen Höhen und Tiefen, Problemen und Freuden statt. Teils nimmt der Fluss des Lebens einen ruhigen Verlauf mit sonnigen Abschnitten und schönen Ausblicken, teils ist er reißend mit Stromschnellen und gefährlichen Abgründen. Die Lebensverhältnisse, in denen wir jeweils stehen, enthalten eine Vielzahl von Möglichkeiten und Beschränkungen. Sie sind sozusagen der Ton, aus dem wir mit unseren Kräften unser Leben formen, oder anders ausgedrückt das Material, mit dem unsere Kräfte sich auseinandersetzen müssen, indem sie einerseits in der Lebensrealität Optionen erkennen, entwickeln und ausführen, andererseits aber auch bestehende Beschränkungen beachten. Im Wesentlichen geht es darum, das Leben so anzunehmen, wie es ist, und das Beste daraus zu machen.

Im Folgenden wird dies näher ausgeführt und anschließend noch auf zwei wichtige, bei der Selbstverwirklichung anfallende Aufgaben eingegangen, nämlich auf die Aufgaben, die Probleme des Lebens zu lösen und die Freuden des Lebens zu genießen.

I. Das Leben annehmen und das Beste daraus machen

Wie ist das Leben?

Betrachten wir das Leben, in dem wir an unserer Selbstverwirklichung arbeiten sollen, so müssen wir feststellen, dass es vielfältig, wechselhaft, ungewiss und oft zyklisch ist. Es ist vielfältig hinsichtlich der Menschen, ihrer unterschiedlichen Anlagen, Fähigkeiten und Interessen, Stärken und Schwächen, Eigenschaften und Ansichten als auch bezüglich der politischen, wirtschaftlichen, sozia-

len, rechtlichen, kulturellen, ökologischen und sonstigen Lebensverhältnisse und der sich daraus ergebenden Möglichkeiten und
Beschränkungen. Das Leben ist wechselhaft, es ist dynamisch,
nicht statisch, seine Vielfalt ist stets in Bewegung, ändert sich
ständig. Das gilt sowohl für die Lebensverhältnisse als auch für den
Einzelnen selbst. Das Leben ist damit hinsichtlich der Zukunft ungewiss und unsicher, voller Möglichkeiten, aber auch voller Gefahren und Risiken. Das Leben unterliegt schließlich oft zyklischen
Veränderungen und geht wie Ebbe und Flut auf und ab. Es kennt
Positives und Negatives, Höhen und Tiefen, Fortschritte und Rückschläge, Erfolge und Misserfolge, Freude und Enttäuschungen,
Glück und Unglück. Es gibt kein Leben ohne Freud und Leid. Geht
die Lebenskurve mal runter, so geht sie auch mal wieder hoch. Nie
geht das Leben nur in eine Richtung. So ist das Leben, wie wir es
vorfinden und es uns während der gesamten Lebenszeit begleitet.
Dies ist der Rahmen, in dem wir uns entfalten sollen.

Das Leben bedingungslos annehmen
Wir müssen das Leben so annehmen, wie es ist und täglich auf uns
zukommt. Die Vergangenheit lässt sich nicht ändern. Wir müssen
deshalb die Wirklichkeit bedingungslos bejahen, bevor wir daran
denken, was uns an ihr nicht gefällt und gegebenenfalls für die
Zukunft zu ändern ist. Tatsachen zu beschönigen oder gar zu verleugnen, bringt uns nicht weiter. So selbstverständlich uns die Abfolge von Tag und Nacht, Sommer und Winter, Ebbe und Flut ist,
so selbstverständlich sollte uns auch das Auftreten von Höhen und
Tiefen im Leben sein. Wir müssen sie in unsere Erwartungshaltung
latent mit einplanen. Ebenso hilft es nicht, angesichts auftretender
Schwierigkeiten eine Opferhaltung einzunehmen. Hilfreicher erscheint vielmehr die Auffassung, dass grundsätzlich weder das
Leben noch die Mitmenschen uns etwas schulden und es deshalb

allein unsere Aufgabe ist, sich vertrauensvoll und zuversichtlich den Herausforderungen des Lebens zu stellen.

Das Beste aus dem Leben machen

Das Leben anzunehmen bedeutet mehr, als das Leben mit seinem Auf und Ab hinzunehmen. Das Leben anzunehmen fordert vielmehr von jedem, das Beste aus ihm und der jeweiligen Situation zu machen. Das heißt vor allem, dem Leben sowie seinen Aufgaben und Schwierigkeiten gegenüber eine positive, lösungsorientierte Haltung einzunehmen. Was geändert werden kann und soll, muss geändert werden. Was nicht geändert werden kann oder soll, muss hingenommen werden. Millman empfiehlt hierzu: »Vergeude keine Energie mit unnötigem Widerstand oder mit dem Ärger über Dinge, die du nicht beeinflussen kannst.«[133]

Sehen wir die Aufgaben des Lebens nicht nur als Herausforderungen, sondern vor allem auch als Entfaltungsmöglichkeiten und somit Mittel für unsere Selbstverwirklichung an. Sie geben uns die Gelegenheit, uns weiterzuentwickeln und unsere Lebensumstände zu verbessern. Dies gilt besonders auch für negative Ereignisse, die uns Sorgen und dergleichen bereiten. So gesehen gibt es, wie der Buddhismus lehrt, unter den Menschen auch keine Feinde, sondern insoweit nur Lehrer, die uns unter anderem Geduld und Toleranz lehren.[134] Entsprechendes gilt für unsere Probleme, Fehler und Niederlagen. Auch an ihnen sollen wir lernen, frei nach dem Motto: *Es ist alles für etwas gut; was mich trifft, macht mich trefflicher.* Dies alles gilt nicht nur für die großen Aufgaben, sondern auch für die vielen kleinen Aufgaben des Alltags, wie den Umgang mit Kritik, Ärgernissen und Feindseligkeiten oder sonstigem Leid. Auch sie sollen wir als eine Chance für unsere Weiterentwicklung betrachten. Entscheidend ist bei allem die Erkenntnis, dass wir die Ereignisse unserer Außenwelt jeweils aus unterschiedlichen Perspektiven mit jeweils unterschiedlichen Lösungsmöglichkeiten ansehen können, dass die jeweilige Sichtweise wesentlich unsere Reaktion auf das Ereignis und deren Folgen bestimmt und dass es für unsere Entwicklung maßgeblich darauf ankommt, dass wir das Geschehen in einem für uns positiven Licht sehen. *Das Beste aus dem Leben machen* heißt also auch, sich bezüglich der Lebensereignisse, die auf uns zukommen, die Frage zu stellen: Was kann ich hieraus an Positivem, Gutem für mich und andere machen?

Wegen der Unbeständigkeit des Lebens ist es außerdem wichtig, uns für alles Neue offenzuhalten, Veränderungen möglichst vorauszusehen und uns auf neue Tatsachen schnell einzustellen. Weiter müssen wir lernen, bei unseren Entscheidungen in Wahrscheinlichkeiten und Risiken zu denken und den Mut zu haben, nach sorgfältiger Abwägung des Für und Wider auch Risiken einzugehen. Es gibt kein Leben ohne Risiken. Rückschläge und Niederlagen werden nicht ausbleiben, wir müssen sie in Kauf nehmen.

Nach diesen allgemeinen Ausführungen zur Annahme des Lebens, sollen nachstehend zwei besondere, hierher gehörende Aspekte etwas vertieft werden: der Umgang mit den Problemen des Lebens und der Umgang mit seinen Freuden.

II. Die Probleme des Lebens lösen

Das Auf und Ab des Lebens stellt uns immer wieder vor äußere und innere Probleme, die wir auf unserem Lebensweg lösen müssen. Je schneller und erfolgreicher uns dies gelingt, desto besser kommen wir auf dem Weg der Selbstverwirklichung voran. Doch wie sollen wir bei der Problemlösung vorgehen? Wollen wir sie nicht mehr oder weniger dem Zufall überlassen, indem wir das tun, was uns gerade in den Kopf kommt, müssen wir hierbei methodisch verfahren. Als allgemeine Richtschnur bietet sich hierfür ein Vorgehen in vier Schritten an:

- Problem präzisieren,
- auf die Problemlösung einstellen,
- Ursachen des Problems ermitteln,
- Ursachen des Problems beseitigen.

Dies soll im Folgenden kurz erläutert werden.

1. Problem präzisieren

Zunächst muss das Problem genau und objektiv beschrieben werden. Hierzu ist eine Bestandsaufnahme des betreffenden Problems nötig. Folgende Fragen sind hierfür oft hilfreich:

- Was ist durch wen, wo, wann, wie lange und wie oft geschehen?
- Wie ist es geschehen?
- Welche Folgen sind eingetreten?
- Warum ist es geschehen? (Frage nach den möglichen Ursachen.)
- Was soll erreicht werden?
- Wie kann es erreicht werden? (Frage nach den Lösungsmöglichkeiten.)
- Was ist zu tun?

Oesch empfiehlt, in möglichst einfachen Begriffen zu denken und auch komplizierte Probleme auf möglichst einfache Grundbegriffe zu bringen.[135] Hierbei verwandte Begriffe sind gegebenenfalls näher zu bestimmen.

2. Auf die Problemlösung einstellen

Wie oben festgestellt, sollen wir die Wirklichkeit und damit die Aufgaben des Lebens bedingungslos bejahen und das Beste aus der jeweiligen Situation machen. Probleme, die uns das Leben stellt, sind dazu da, gelöst und nicht beklagt zu werden. Sie sind Mittel für unsere Weiterentwicklung. Wir dürfen vor ihnen nicht zurückschrecken oder ihnen aus dem Weg gehen, sondern müssen aktiv werden, sie konstruktiv und lösungsorientiert anpacken.

Sehen wir also im Hinblick auf das ständige Auf und Ab des Lebens in jedem Problem etwas ganz Normales, eine Herausforderung und Gelegenheit, uns auf dem Weg der inneren Reifung weiterzuentwickeln. Konzentrieren wir uns deshalb nicht auf die Bürde des Problems, sondern auf dessen Lösung.[136]

Bei komplexen Problemen müssen wir hierfür alle uns verfügbaren Kräfte einschalten. Dies gilt insbesondere für unsere geistig-seelischen Kräfte (Denken, Fühlen, Vorstellen, Wollen und Erwarten) und unsere intuitiven Kräfte.

3. Ursachen des Problems ermitteln

Soll ein Zustand, beispielsweise eine Krankheit oder ein sonstiger negativer Tatbestand, beseitigt werden, müssen zunächst die Ursachen für das Entstehen des negativen Tatbestandes ermittelt und sodann beseitigt werden. Soll dagegen ein neuer Zustand ohne Wiederherstellung eines bisherigen Zustands herbeigeführt werden, soll eine Sache gekauft oder neu hergestellt werden, müssen die Voraussetzungen für die Herbeiführung des neuen Zustands ermittelt und sodann erfüllt werden.

Oft kommen mehrere Ursachen oder Entstehungsvoraussetzungen in Betracht, bei psychischen Problemen zum Beispiel häufig körperliche, mentale, emotionale und soziale Gründe.

Ist fraglich, welche Faktoren das Problem verursacht haben beziehungsweise welche Voraussetzungen erfüllt werden müssen, bietet sich die Anwendung eines vierstufigen Verfahrens an:

- Auswahl der Optionen,
- Analyse der Optionen,
- Bewertung der Analyseergebnisse,
- Entscheidung.

In einem ersten Schritt sind jeweils die Optionen auszuwählen, die als Ursachen bzw. Voraussetzungen in Betracht kommen. In einem zweiten Schritt sind die ausgewählten Optionen auf ihre Eignung hin zu analysieren. Hierzu sind insbesondere die Voraussetzungen und Folgen (unmittelbare und mittelbare, äußere und innere, Haupt- und Nebenfolgen) der einzelnen Option zu ermitteln. In einem dritten Schritt sind die Analyseergebnisse daraufhin zu bewerten, ob die als mögliche (Mit-)Ursache bzw. (Mit-)Voraussetzung angenommene Tatsache wirklich als solche angesehen werden kann. Im Anschluss an die Bewertung folgt die Entscheidung.

4. Ursachen des Problems beseitigen

Für die Beseitigung einer Ursache muss das Beseitigungsverfahren festgelegt und sodann durchgeführt werden. Kommen mehrere Optionen für die Beseitigung der Ursache in Betracht, muss geklärt werden, welche davon ausgeführt werden soll. Hierfür empfiehlt sich die Anwendung des für die Ursachenermittlung vorgeschlagenen vierstufigen Verfahrens (Auswahl der Lösungsoptionen, Analyse der Optionen, Bewertung der Analyseergebnisse und Entscheidung). Scheidet die Ursachenbeseitigung aus, zum Beispiel weil die Ursachen nicht ermittelt werden können oder die mit der Ursachenbeseitigung verbundenen Kosten oder Risiken zu hoch erscheinen, kann hilfsweise eine Symptombeseitigung ohne Ursachenbeseitigung in Betracht kommen, für die die vorstehenden Ausführungen entsprechend gelten.

Die Tabelle soll das zuvor beschriebene Verfahren veranschaulichen.

		Auswahl der Optionen	Analyse der Optionen	Bewertung der Analyseergebnisse	Entscheidung
Beseitigung eines Zustands	Ursachen ermitteln				
	Ursachen beseitigen				
Herbeiführung eines Zustands	Voraussetzungen ermitteln				
	Voraussetzungen erfüllen				

III. Die Freuden des Lebens genießen

Die Freuden, die das Leben bringt, tun unserem Wohlbefinden gut. Sie geben uns Kraft und Energie, die uns auch bei der Bewältigung unserer Aufgaben helfen. Wir dürfen sie nicht achtlos vorüberziehen lassen. Wir müssen unsere Aufmerksamkeit vielmehr intensiv auf die freudigen Seiten des Lebens richten und sie in vollen Zügen genießen. Jeder muss sich also fragen: Was macht mir Freude beziehungsweise was kann mich erfreuen? Das können Umstände, Tätigkeiten und Erwartungen sein.

Die Umstände können das Sein (Körper, Geist, Seele, Fähigkeiten, Erfahrungen etc.), das Haben (Wirtschafts-, Arbeits-, Sozial- und sonstigen Umweltverhältnisse etc.) und das Erleben (Sozial-, Kultur-, Natur-, Erfolgserlebnisse etc.) betreffen. Sie können den Einzelnen unmittelbar erfreuen. Sie können ihn auch zufrieden, dankbar und liebevoll stimmen und deshalb mit Freude erfüllen. Die Umstände können sich aber auch auf das Sein, Haben oder Erleben anderer Personen beziehen und uns deshalb erfreuen, weil das Wohl dieser Personen uns am Herzen liegt.

Eine weitere Quelle der Freude können Tätigkeiten sein. Das können eigene Tätigkeiten sein, die uns unmittelbar erfreuen (Lesen, Musizieren, Tanzen, Malen, Besuch von Sportveranstaltungen etc.) oder mittelbar Freude bereiten (*Freude machen, macht Freude*). Zu denken ist aber auch an Tätigkeiten und Verhaltensweisen anderer Personen, die uns freudig stimmen, indem sie uns beispielsweise behilflich sind, an uns denken, uns schätzen, uns beschenken.

Schließlich können uns auch positive Erwartungen mit Vorfreude erfüllen, wie die Vorfreude auf ein Ereignis oder eine künftige Tätigkeit.

Zu den Freuden des Lebens gehören dementsprechend nicht nur die seltenen großen Feste und Erfolge, sondern vor allem die vielen kleinen Annehmlichkeiten und freudigen Ereignisse des Alltags wie ein sonniger Tag, eine duftende Blume, das Singen eines Vogels, ein Spaziergang, ein gutes Wort, ein verständnisvoller Blick, ein herzliches Lachen, ein wohlschmeckendes Essen und vieles mehr. Wie oft nehmen wir das alles überhaupt nicht wahr oder messen ihm keine Bedeutung bei. Wir haben bei aller Betriebsamkeit weitgehend verlernt, diese kleinen Freuden des Alltags zu empfinden, zu würdigen und für sie dankbar zu sein. Hier sollten wir umdenken. Das Leben ist viel zu kurz und zu wertvoll, um es nur mit ernsten und unerfreulichen Dingen zu verbringen. Wir müssen gezielt nach Freude auslösenden Umständen, Tätigkeiten und Erwartungen Ausschau halten, Freude empfinden und zeigen in Wort und Tat, wie lachen, sich etwas gönnen, feiern. Hierzu müssen wir unsere Sinne schärfen und unsere Genussfähigkeit verbessern.

Lazarus weist darauf hin, dass viele Freuden, die das Leben lebenswert machen, mit unseren fünf Sinnen zu tun haben,[137] zum Beispiel:

- *Sehen*: die Schönheit der Natur, ein inspirierendes Bild, eine ausdrucksvolle Skulptur,
- *Hören*: Musik, Vogelstimmen, das Rauschen eines Baches,
- *Tasten*: ein frisches Bad, eine Massage, einen lieben Menschen in die Arme nehmen,
- *Riechen*: den Duft einer Blume, ein Parfum, den Geruch reifer Früchte, das Bouquet eines aromatischen Weins,
- *Schmecken*: ein köstliches Essen, einen guten Tropfen.

Zu denken ist auch an unsere spirituellen Sinne, wie die Freude an einem Gedicht, einem guten Buch, einem offenen Gespräch, an neuen Erkenntnissen, an jedem Fortschritt auf dem Weg zum Ziel.

Taylor führt aus: »Wenn wir nur das Ungewöhnliche feiern und kein Vergnügen in normalen Dingen finden, führt dies zwangsläufig dazu, dass wir uns die meiste Zeit innerlich leer fühlen.«[138] »Wirkliches Glück ist eine Entscheidung und nichts, was uns zufällig zustößt. Indem wir uns dafür entscheiden, gut gelaunt und fröhlich zu sein, erzeugen wir eine Schwingung, die dieses Gefühl immer und überall aufrechterhält.«[139]

Es gilt bei allem, das Leben nicht zu ernst zu nehmen, den Humor zu bewahren und zu pflegen und so oft wie möglich herzlich zu lachen, ohne übermütig zu werden.[140]

C. Lebenszeit

I. Bedeutung der Zeit

Die Zeitspanne von unserer Geburt bis zu unserem Tod steckt den Rahmen für die Selbstverwirklichung ab. Sie ist begrenzt und von ungewisser Dauer. Ob unsere Seele weiterlebt, ist eine Glaubenssache und insoweit ebenfalls ungewiss. Unsere Lebenszeit erweist sich so als ein äußerst wertvolles Gut. Jeder Tag, jede Stunde und jeder Augenblick dieser Zeit ist einmalig und unwiederbringlich. Wir können unsere Lebenszeit nicht verlängern, sondern nur vertiefen. Dies müssen wir uns immer wieder bewusst machen und unsere Zeit so gut wie möglich nutzen. In der Regel verleugnen wir den Tod und leben so, als würde unser Körper ewig leben. Dabei besteht die Gefahr, dass wir unsere Zeit mit Unwichtigem ausfüllen und Wichtiges auf später verschieben. Denken wir stattdessen an unsere Vergänglichkeit und daran, dass unser Zeitbudget jeden Tag geringer wird, so schafft dies eine ihm eigene Dringlichkeit. Es fordert uns dazu auf, zeitbewusst zu leben, sorgfältig mit unserer Zeit umzugehen und sie als ein sehr wertvolles Mittel für die Lebensgestaltung und Selbstverwirklichung anzusehen. *Carpe diem*, nutze den Tag. Mach das Beste aus deinem Leben, deiner Lebenszeit.

II. Verwendung der Zeit

Wir müssen im Leben ständig Entscheidungen treffen, insbesondere:
- Was ist zu tun?
- Was soll ich davon selbst tun, was soll ich möglichst delegieren?
- Wie soll ich es tun?
- Wann soll ich es tun?
- Wie lange soll ich es tun?

Die Beantwortung jeder Frage hat Folgen für unsere Zeit. Wir müssen uns also jeweils neben der Sachfrage nach dem Gegenstand und der Ausführung unserer Tätigkeit auch die Zeitfrage stellen: Soll ich meine Zeit hierfür, also für diese Tätigkeit beziehungsweise für diese Ausführungsart zu diesem Zeitpunkt und für diese Dauer verwenden oder kann ich sie anderweitig besser nutzen?

Bei der Lösung dieser Zeitfragen sind verschiedene Gesichtspunkte zu beachten. Im Folgenden soll dies für die vorgenannten Entscheidungsfragen verdeutlicht werden.

1. Was ist zu tun?

Wir sollen unsere beschränkte Lebenszeit möglichst sinnvoll verwenden. Da wir nicht alles tun können, müssen wir auswählen. Hierzu müssen wir Prioritäten setzen. Dabei kommt Wichtiges vor weniger Wichtigem und Unwichtigem und Dringendes vor weniger Dringendem und nicht Dringendem.[141]

Was ist nun so wichtig, dass wir unsere Zeit dafür einsetzen sollen? So verschieden die Menschen mit ihren Bedürfnissen und Interessen sind, so unterschiedlich werden die Antworten hierauf lauten, wobei diese wiederum von den jeweiligen Lebensumständen abhängen und sich deshalb auch ständig ändern können. Der allgemeine Rat hierzu lautet: Qualität vor Quantität, Individualität vor Universalität. Wir sollen also die Zeit nicht totschlagen oder wahllos mit Aktivitäten füllen, die uns gerade in den Kopf kommen oder von außen an uns herangetragen werden, sondern uns selbstständig anspruchsvolle, erfüllende Ziele setzen und ausführen, Ziele, die uns und andere oder die Gemeinschaft im Sinne des Selbstverwirklichungsauftrags weiterbringen und uns auch Freude machen. Hierzu gehört neben der Zeit zum Arbeiten und Entspannen auch Zeit zum Nachdenken und Sich-selber-Finden. *Was ist mir wesentlich, was will ich im Leben erreichen, welchen Sinn gebe ich meinem Leben?*

Wenn wir zeitbewusst leben wollen, müssen wir oft Nein sagen. Nur jeder allein kann und muss bestimmen, wofür er seine Lebenszeit einsetzen will. Gaedemann bezeichnet deshalb die Kunst, Nein zu sagen, als einen *Schlüssel zum guten Umgang mit der Zeit – und mit sich selbst* und zitiert in diesem Zusammenhang Tepperwein:» ›Nein‹ zu sagen bedeutet in Wirklichkeit, ›Ja‹ zur eigenen Identität zu sagen.«[142]

2. Was soll ich selbst tun?

Auswahlentscheidungen und Tätigkeiten, die jeder nur selbst treffen beziehungsweise vornehmen kann, können nicht delegiert werden. Hierzu gehören wichtige Dinge wie Nachdenken, was einem nachhaltig guttut, Grundsatzentscheidungen, Entscheidungen von hoher Bedeutung oder großem Risiko sowie dringende Aufgaben, für deren Erledigung kein anderer zur Verfügung steht.

Anders sieht es bei weniger wichtigen oder gar unwichtigen Aufgaben aus wie Routinearbeiten oder solchen, für die es Fachleute gibt, sowie bei dringlichen oder weniger dringlichen Aufgaben, die ebenso gut von anderen ausgeführt werden können. Hier gilt es jeweils zu überlegen, ob die Ausführung dieser Arbeiten besser anderen gegen entsprechende Vergütung anvertraut oder ganz gestrichen wird, um sich so freie Zeit für die wirklich wichtigen Fragen zu verschaffen.[143]

3. Wie soll ich es tun?

Die Aufgabe, mit seiner Zeit sparsam umzugehen, betrifft neben der Zielauswahl auch die Zielausführung. Hier gilt es vor allem planvoll, konzentriert, mit positiver Grundstimmung vorzugehen, Unterbrechungen zu nutzen und sich selektiv zu informieren.

Planvoll

Planvolles Vorgehen verlangt oft, größere Aufgaben zunächst in Teilaufgaben zu zerlegen, die dann eine nach der anderen in der sachdienlichen Reihenfolge zu erledigen sind.[144] Hierbei kann sich empfehlen, Arbeitsblöcke zu bilden und Zusammengehöriges gemeinsam vorzunehmen, zum Beispiel alle Telefonate in einem Block.[145] Bei der Planung ist es wichtig, sich nicht zu viel vorzunehmen, regelmäßige Pausen vorzusehen und auch genügend Zeit für Unterbrechungen einzuplanen. In der Literatur zum Zeitmanagement wird geraten, mindestens alle drei Stunden eine kurze Pause von 10 bis 15 Minuten einzuplanen, um seine Leistungsfähigkeit langfristig zu erhalten.[146] Neben diesen Erholungspausen empfiehlt es sich, ab und zu längere Pausen einzuhalten, durch die man wertvollen, leistungssteigernden Abstand zu seiner Arbeit gewinnt.[147]

Konzentriert

Konzentriertes Arbeiten erfordert, dass man seine Aufmerksamkeit voll und ganz auf die auszuführende Tätigkeit lenkt und sich auch äußerlich möglichst vor Unterbrechungen schützt, wie es Anrufe, Gespräche und sonstige Ablenkungen sein können.

Mit positiver Grundstimmung

Was man mit Zufriedenheit, Dankbarkeit, Liebe, Freude, Vertrauen und Zuversicht macht, geht entsprechend schnell und spart Zeit für andere Aufgaben.

Unterbrechungen nutzen

Verzögerungen und Unterbrechungen, die trotz aller Planung eintreten, sollen möglichst minimiert werden und, soweit dies möglich ist (zum Beispiel längere Wartezeiten im Verkehr oder bei Behörden), sinnvoll zum Entspannen oder zum Nachdenken genutzt werden.[148]

Selektiv informieren

Sparsamer Umgang mit der Zeit verlangt eine sorgfältige Auswahl bei der Informationsaufnahme, um nicht in der Flut der Informationen, die uns die Medien täglich liefern, unterzugehen. Außerdem sollte man bei der Aufnahme der ausgewählten Informationen zeitbewusst vorgehen, beispielsweise durch Verwendung zeitsparender Lesetechniken.[149]

4. Wann soll ich es tun?

Die Frage nach dem richtigen Zeitpunkt der Ausführung lenkt den Blick auf die Bedeutung der Gegenwart. Die Vergangenheit ist vorbei, die Zukunft kommt erst – nur die Gegenwart ist existent. Der gegenwärtige Augenblick ist der einzige Zeitpunkt, in dem wir etwas tun können.[150] Seine Bedeutung liegt auch darin, dass er die Zukunft vorbereitet. Es ist deshalb wichtig, sich ganz auf die Gegenwart zu konzentrieren und nicht, wie so oft, über Vergangenes zu grübeln oder sich über Künftiges zu sorgen.[151] Hierzu gehört auch, sein Glück nicht von der Zielerreichung abhängig zu machen, sondern sich auch über jeden Tag auf dem Weg dahin zu freuen.

Wann was zu tun ist, richtet sich nach dem *Wie* der Ausführung, also dem vorgenannten Plan und der darin festgelegten sachdienlichen Reihenfolge. Daneben sind hierfür aber auch die Wichtigkeit der auszuführenden Tätigkeit und die individuelle Leistungsfähigkeit von Bedeutung. Anspruchsvolle Tätigkeiten sollte man möglichst in Zeiten legen, in denen man erfahrungsgemäß gut arbeiten kann und die störungsfrei sind. Weniger anspruchsvolle Tätigkeiten und Routinearbeiten kann man dagegen in Zeiten verlegen, in denen diese Voraussetzungen nicht gegeben sind.

5. Wie lange soll ich es tun?

Gutes Zeitmanagement erfordert auch eine Entscheidung über die voraussichtliche Dauer der Ausführung. Innerhalb welcher Zeit kann die anstehende Arbeit getätigt werden? Wie viel Zeit muss bereitgestellt werden? Der Zeitraum muss realistisch sein und Pausen sowie Unterbrechungen berücksichtigen. Er sollte nicht zu kurz, aber auch nicht zu lang sein. Ist er zu kurz, führt das schnell zu Problemen und Misserfolgen. Ist er zu lang angesetzt, entbehrt er der gebotenen Dringlichkeit, was letztlich auf Kosten anderer wichtiger Aufgaben geht.[152]

D. Wertmaßstäbe

I. Zweck, Voraussetzungen und Anwendung von Wertmaßstäben

Zweck

Das Leben erfordert von uns ständig Bewertungen und Entscheidungen:

- Was soll ich tun?
- Wonach soll ich mich richten?
- Wofür soll ich meine Kräfte und meine Zeit einsetzen?
- Wie soll ich mich gegenüber meinen Lebensumständen verhalten und in welche Richtung soll ich sie ändern?

- Was ist wichtig?
- Was ist richtig, was falsch?
- Was ist gut, was schlecht?

Wir brauchen hierfür Maßstäbe, Kriterien und Regeln, die uns angeben, was wir denken und tun sollen, wie wir verantwortlich mit unseren Kräften und Lebensverhältnissen und unserer Zeit umgehen.

Wertmaßstäbe haben insoweit eine Leit- und Kontrollfunktion für unser Wollen, Können und Tun. Sie enthalten Handlungsgebote und Handlungsverbote beziehungsweise Unterlassungsgebote. Als Handlungsgebot fordern sie dazu auf, alles zu tun, was dem betreffenden Wert entspricht. Als Unterlassungsgebot gebieten sie, alles zu unterlassen, was dem betreffenden Wert widerspricht. So fordert der Wert der Freiheit vom Einzelnen positiv, seine Freiheit zu erkennen, auszuüben, gegebenenfalls zu verteidigen oder zu erringen und die Freiheit des anderen zu achten und in zumutbarer Weise zu fördern. Negativ gebietet der Wert der Freiheit, die eigene Freiheit und die der anderen nicht zu missachten oder zu missbrauchen. Die Wertmaßstäbe repräsentieren in ihrer Gesamtheit das Sollen, an dem wir unser Wollen, Können und Tun ausrichten. Sie helfen uns im Rahmen der Selbstverwirklichung auf dem Weg vom instinktiven, triebhaften Verhalten zum selbstbestimmten rationalen Handeln und Unterlassen sowie bei der Abstimmung von Eigenwohl und Gemeinwohl.

Voraussetzungen

Die Wertmaßstäbe sollen möglichst für alle Menschen in gleicher Weise gelten. Damit sie ihre Leit- und Kontrollfunktion angemessen erfüllen können, müssen sie verschiedene formelle und materielle Voraussetzungen erfüllen.

In formeller Hinsicht müssen sie generell, abstrakt und von universeller Geltungskraft sein. Generell sind sie dann, wenn sie für alle und nicht nur einige Menschen gelten. Jeder Mensch kann dann die Geltung des betreffenden Maßstabs für sich beanspruchen. Er hat aber auch die Pflicht, den betreffenden Maßstab jedem anderen gegenüber einzuhalten. Abstrakt sind sie, wenn sie für eine unbestimmte Vielzahl von Lebenssachverhalten gelten. Universelle Geltungskraft besitzen sie, wenn sie für alle redlich Denkenden, Gläubigen und Nichtgläubigen als Leitlinien für ein gedeihliches menschliches Zusammenleben annehmbar sind und von ihnen ganz überwiegend auch anerkannt werden.

In materieller Hinsicht sollen die Maßstäbe uns bei der Selbstverwirklichung helfen. Ziel der Selbstverwirklichung sind der Wert und das Wohl des Menschen. Wir haben demnach die Aufgabe, den Wert jedes Menschen – also nicht nur den eigenen Human-, Individual-, Sozial- und Spiritualwert, sondern auch den jedes anderen – zu erkennen, zu achten und den eigenen Wert zu entfalten. Wir haben des Weiteren die Aufgabe, für unser Eigenwohl (bestehend aus unserem Grundstimmungs-, Körper- und Arbeitswohl und unserem materiellen, geistigen und sozialen Wohl) zu sorgen und das entsprechende Wohl jedes Mitmenschen und das der Gemeinschaft und Umwelt in zumutbarer Weise zu fördern. Wertmaßstäbe für die Selbstverwirklichung sind solche Maßstäbe, die diesen Zielen und damit der Erhaltung und Entfaltung des Werts und Wohls jedes Menschen nachhaltig dienen. Um universell für alle Menschen gelten zu können, kommen nur solche Wertmaßstäbe in Betracht, die in ihrem Kern unabhängig von allen individuellen Unterschieden zwischen den Menschen sind und von allen Menschen akzeptiert werden können oder, in den Worten des Dalai Lama, »eine für alle akzeptable universelle und menschliche Ethik (...). Eine Ethik ohne Rückgriff auf die Religion, eine Ethik, die auf grundlegenden menschlichen Werten beruht, die ich säkular nennen möchte.«[153]

Anwendung

Wertmaßstäbe haben einen Aufforderungscharakter. Sie fordern uns dazu auf, wertbewusst und wertvoll zu leben. Wir sollen sie innerlich und äußerlich befolgen. Innerlich sollen wir unser Denken, Fühlen und Wollen nach ihnen ausrichten, indem wir sie verinnerlichen und ausbauen und unsere Ziele, Einstellungen und Eigenschaften nach ihnen formen. Äußerlich sollen wir unser Verhalten (Reden, Tun und Lassen) an ihnen orientieren, indem wir ihre Handlungs- und Unterlassungsgebote befolgen. Positive Werte wie Verständnis, Mitgefühl, Freundlichkeit, Aufrichtigkeit, Güte, Friedfertigkeit, Gerechtigkeit, Toleranz, Fürsorge und Solidarität sollen beachtet und verstärkt werden. Unwerte Ziele, Eigenschaften und Charakterzüge wie Unaufrichtigkeit, Neid, Habgier, Eifersucht, Verachtung, Bosheit, Intoleranz, Feindseligkeit und Gewalt sind zu meiden beziehungsweise abzubauen. Ziel ist letztlich die Humanisierung des Lebens durch eine ethisch wertvolle, menschenwürdige Lebensführung, die sich sowohl in der Einstellung, speziell der Geistes-, Gefühls- und Willenshaltung als auch im gesamten Verhalten und seinen Folgen gegenüber jedem Menschen zeigt. Es gilt, das zu denken und zu tun, was dem Wert und Wohl des Menschen möglichst nachhaltig dient, und das zu unterlassen oder zu beseitigen, was ihm schadet, wobei auch die voraussichtlichen Folgen des Denkens, Redens und Tuns mit zu berücksichtigen sind.

Die Anwendung der Wertmaßstäbe ist eine lebenslange Aufgabe. Sie ist gewiss nicht einfach und erfordert eine ständige Übung im Erkennen, Verinnerlichen, Anwenden, Erweitern und Verbessern der Wertmaßstäbe sowie ein hohes Maß an Selbstbeherrschung und Geduld. Schwierigkeiten bereiten vor allem die Fälle der Kollision von Wertmaßstäben. Kollisionsfälle können innerhalb eines Wertes (das Recht auf Freiheit des einen kollidiert zum Beispiel mit dem Freiheitsrecht eines anderen) oder zwischen zwei oder mehreren Werten auftreten (die Rechte auf Freiheit, Gleichheit, Frieden, Sicherheit stoßen beispielsweise aufeinander). Die Lösung dieser Fälle erfordert eine sorgfältige Abwägung der kollidierenden Werte im jeweiligen Sachzusammenhang und der positiven und negativen Folgen, die mit der Ausführung der jeweiligen Verhaltensoption voraussichtlich verbunden sind. Hierzu wird auf die Ausführungen zur Abstimmung der Aufgaben unter *E IV* des zweiten Teils verwiesen.

II. Grundwerte

Die Grundwerte dienen der Selbstverwirklichung. Sie sind für die Selbstbestimmung und Selbstentfaltung, die Achtung des Wertes der Mitmenschen, der Gemeinschaft und Umwelt sowie für die Sorge für das eigene und fremde Wohl von grundlegender Bedeutung und werden hier deshalb als *Grundwerte* der Selbstverwirklichung bezeichnet. Soweit die Grundwerte sich auf das Verhältnis zu den Mitmenschen und der Gemeinschaft beziehen, können sie auch *soziale Grundwerte* genannt werden.

Insgesamt werden sechs Grundwerte unterschieden: die Freiheit, Verantwortlichkeit und Wahrhaftigkeit sowie der Frieden, die Toleranz und die Menschenliebe. Die Selbstverwirklichung setzt die Anerkennung dieser Werte voraus und zielt auf ihre Verwirklichung ab.

Die Freiheit und die Verantwortlichkeit bilden die Grundlage für die Ausführung aller Aufgaben der Selbstverwirklichung. Die übrigen Grundwerte sind teilweise für unterschiedliche Aufgaben der Selbstverwirklichung bedeutsam. So betrifft der Grundwert der Wahrhaftigkeit schwerpunktmäßig die Aufgabe, seinen Wert zu entfalten und für sein Wohl zu sorgen, während die Grundwerte der Toleranz und der Menschenliebe sich vorrangig auf die Aufgabe beziehen, den Wert der Mitmenschen zu achten und deren Wohl in zumutbarer Weise zu fördern.

Nachfolgend werden die einzelnen Grundwerte hinsichtlich ihrer Bedeutung für die Selbstverwirklichung näher beschrieben.

1. Freiheit

Selbstverwirklichung verlangt Freiheit. Ohne Freiheit keine Selbstbestimmungsfähigkeit und ohne diese keine Selbstverwirklichung. Freiheit ist Wahlfreiheit, Entscheidungsfreiheit. Sie gibt uns die Möglichkeit, unter mehreren Lösungen zu wählen.

Selbstverwirklichung in Freiheit setzt zunächst einmal voraus, dass wir die bestehenden Wahlmöglichkeiten erkennen. So haben wir zum Beispiel grundsätzlich die Möglichkeit, unsere geistig-seelischen Kräfte zu steuern, zu kontrollieren und damit unsere Einstellung und unser Verhalten zu ändern.[154] Wer dies nicht sieht, übersieht beziehungsweise beschränkt seine Freiheit, ist insofern nicht frei. Es ist deshalb wichtig, in seinem Denken, Wollen und Glauben auch stets an Alternativen, also andere Lösungsmöglichkeiten zu denken und sich für solche offen zu halten.

Weitere Voraussetzung für die Selbstverwirklichung ist, dass wir unsere Wahlmöglichkeiten nicht nur erkennen, sondern auch ausüben. Hieran können uns zunächst einmal äußere Beschränkungen hindern, die wir nicht selbst ändern können, zum Beispiel Gesundheits- oder Reisebeschränkungen. Daneben gibt es innere Beschränkungen der Freiheit, die wir selbst beheben können, zum Beispiel das Streben nach unnötigen materiellen Gütern oder die geistige oder emotionale Abhängigkeit von der Meinung und Anerkennung anderer Menschen. Von solchen inneren Beschränkungen müssen wir uns frei machen und an unserer Unabhängigkeit ständig und unbeirrt arbeiten.

Dass die Freiheit nicht grenzenlos sein kann, ergibt sich aus den folgenden Ausführungen zur Verantwortlichkeit.

2. Verantwortlichkeit

Zwischen Selbstverwirklichung, Freiheit und Verantwortlichkeit besteht ein enger Zusammenhang. So wie die Selbstverwirklichung Freiheit braucht, braucht die Freiheit die Verantwortung und damit die Bindung an Werte.

Freiheit ist nicht Selbstzweck, sondern Mittel zum Zweck der Selbstverwirklichung. Jeder soll sich in Freiheit entfalten können. Dies lässt sich nur erreichen, wenn jeder auch verpflichtet ist, die Selbstentfaltung jedes anderen gebührend zu respektieren. Die Freiheit des Einzelnen findet also zwangsläufig in der Freiheit jedes anderen ihre (immanente) Grenze. Eine Freiheit, die in grenzenlosem Tun und Lassen was man will, ohne Rücksichtnahme auf die Freiheit der anderen besteht, bedeutet Willkür und führt zu Chaos und Anarchie. Wahre Freiheit ist also ohne Begrenzung, Bindung, Kontrolle und damit Verantwortung des Einzelnen für die Begrenzung und deren Einhaltung nicht möglich (selbstgebundene oder verantwortete Freiheit). So gesehen gehören Freiheit und Verantwortung zwingend zusammen, ist Verantwortung ein Annex oder der Preis der Freiheit.

Freisein und Verantwortlichsein sind ebenso wie Menschenrechte und -pflichten untrennbar mit dem Menschsein und dem Humanwert jedes Menschen verbunden.[155] Je größer die Freiheit, desto größer die Verantwortung für die Ausübung derselben. Art. 2 Abs. 1 des Grundgesetzes der Bundesrepublik Deutschland drückt den Zusammenhang von Freiheit und Verantwortung hinsichtlich der Selbstentfaltung wie folgt aus: »Jeder hat das Recht auf die freie Entfaltung seiner Persönlichkeit, soweit er nicht die Rechte anderer verletzt und nicht gegen die verfassungsmäßige Ordnung oder das Sittengesetz verstößt.«

Wir sind im Rahmen unserer Freiheit für unsere Selbstverwirklichung selbst verantwortlich. Soweit wir frei sind, tragen wir die Verantwortung für unsere Gedanken, Gefühle, Wünsche, Ziele, Erwartungen sowie für unser Tun und Lassen und dessen Folgen. Wir können die Verantwortung nicht auf andere abwälzen. Dies gilt nicht nur in Bezug auf das Verhältnis zu uns selbst (Eigenverantwortung), sondern auch hinsichtlich des Verhältnisses zu den Mitmenschen, zur Gemeinschaft (Sozialverantwortung) und zur Umwelt (Umweltverantwortung).[156] Di Fabio schreibt zu Recht, dass die Kultur der Freiheit von hohen Erwartungen an jeden Einzelnen lebt.[157] Es geht darum, mit der Freiheit verantwortlich umzugehen, das heißt sein Leben eigenverantwortlich in die Hand zu nehmen, es nach seinen Vorstellungen zu gestalten und dabei seinen Wert und den Wert jedes Mitmenschen zu erkennen und zu achten sowie seinen Wert zum eigenen Wohl und dem Wohl der Mitmenschen, der Gemeinschaft und der Umwelt zu entfalten.

3. Wahrhaftigkeit

Wahrhaftigkeit bedeutet Übereinstimmung von Denken, Fühlen, Wollen, Reden und Handeln.[158] Wahrhaftig zu sein heißt demnach, dass Einklang besteht zwischen dem Innen (Denken, Fühlen, Wollen) und dem Außen (Reden und Handeln). Auch bei der Selbstverwirklichung geht es um diese Übereinstimmung von Innen und Außen: Das als Selbstwert(-potenzial) Erkannte soll verwirklicht werden. *Sei du selbst. Erkenne und verwirkliche dich.* Innere Überzeugung, Reden und Handeln sollen sich entsprechen, nicht widersprechen, sollen eine Einheit bilden. Es geht um die Individualität des Einzelnen, also um Selbstbestimmung und Selbstentfaltung, nicht um Fremdbestimmung und Nachahmung.

Wahrhaftigkeit und Aufrichtigkeit sind die Grundlage für Vertrauen und damit die Basis für ein gutes menschliches Zusammenleben. Das Gebot der Wahrhaftigkeit folgt aus der Würde des Menschen und der sich daraus ergebenden Aufgabe, sich selbst und jeden anderen in seinem Wert gebührend zu achten, beispielsweise zu seinen Stärken und Schwächen zu stehen und den Mitmenschen nicht anzulügen oder zu manipulieren. Aspekte der Wahrhaftigkeit sind:

- Offenheit, Aufgeschlossenheit und Unvoreingenommenheit als Grundlage für das Erkennen des Menschenwerts,
- Echtheit als Übereinstimmung von Innen und Außen,
- Aufrichtigkeit, Ehrlichkeit, Glaubwürdigkeit, Zuverlässigkeit, Pünktlichkeit, Treue, Loyalität, Vertrauenswürdigkeit, Standhaftigkeit sowie Charakterstärke als Zeichen der Übereinstimmung von Denken, Reden und Handeln. Zeichen hierfür sind unter anderem, sich treu zu sein und zu bleiben, seine wahren Ziele zu verfolgen sowie zu seinen Werten und Überzeugungen zu stehen.

Der Grundwert der Wahrhaftigkeit fordert uns dazu auf, diese verschiedenen Ziele bei der Selbstverwirklichung zu beachten, und zwar sowohl im Verhältnis zu uns selbst als auch im Verhältnis zu den Mitmenschen und zur Gemeinschaft.

4. Frieden

Die Selbstverwirklichung braucht neben der Freiheit, Verantwortlichkeit und Wahrhaftigkeit auch den inneren und äußeren Frieden, denn ohne Frieden ist wahre Selbstentfaltung nicht möglich. Umfassender Frieden setzt voraus, dass jeder Mensch mit sich, seinen Mitmenschen und der Gemeinschaft in Frieden ist. Ist dies der Fall, gibt es keine Unterdrückung, keinen Unfrieden, Streit und Krieg mit all dem damit verbundenen Leid. Für die Schaffung und Erhaltung des Friedens ist jeder mitverantwortlich.

Hieraus folgt: Jeder hat dafür zu sorgen, dass er in Frieden mit sich und seinen Mitmenschen ist und bleibt. In Frieden mit sich ist man, wenn man mit dem, was man ist, hat, tut und erlebt, zufrieden ist. Wer mit seiner Art, seinen Aufgaben und Lebensverhältnissen zufrieden und frei von Angst, Sorge, Hass, Neid, Eifersucht und sonstigen negativen Gedanken und Gefühlen ist und friedvolle Gedanken pflegt, kommt zu diesem inneren Frieden, zu der Friedfertigkeit, die Kraft für die Selbstverwirklichung gibt. Der Frieden mit den Mitmenschen, der äußere Frieden, hängt wesentlich von unserer Einstellung und unserem Verhalten gegenüber den Mitmenschen ab. Toleranz und Menschenliebe sind hier gefragt. Im Einzelnen wird hierzu auf die folgenden Ausführungen verwiesen. Gewalt erzeugt nur Leid und Gegengewalt. Besser ist deshalb der Weg der friedlichen Konfliktlösung durch aufrichtigen Dialog im Geist der Offenheit und Versöhnung.[159] Ruhe, Gelassenheit, Selbstsicherheit, Ausgeglichenheit und Wohlbefinden sind die Früchte des inneren und äußeren Friedens.

5. Toleranz

Begriff

Zur Achtung des Menschenwerts gehört gemäß den Ausführungen unter *B I 3* des zweiten Teils das respektvolle Verhalten gegenüber jedem Mitmenschen im Hinblick auf dessen Wert, Menschenrechte, Individualität und Selbstverwirklichungsaufgabe. Jeder Mensch ist insoweit als gleichwertige und gleichberechtigte Person zu achten. Die Wertachtung zeigt sich im Unterlassen und Dulden. Das Unterlassen besteht darin, keinem Menschen körperliches oder seelisches Leid beziehungsweise Schaden zuzufügen. Das Dulden besteht darin, den Mitmenschen grundsätzlich so zu lassen, wie er ist und sein will, also ihn in seiner Andersartigkeit im Denken, Fühlen, Wollen, Glauben und Handeln zu respektieren. Richtig verstanden ist es ein anerkennendes, kein notgedrungenes Dulden. Wegen der weiteren sich hieraus ergebenden Folgen wird auf die vorgenannte Stelle verwiesen.

Der Inhalt des Achtungsbegriffs entspricht dem hier verwandten Begriff der *Toleranz*. Wer tolerant ist, sieht in dem anderen eine ihm gleichwertige und an Menschenrechten gleichberechtigte Person und verhält sich entsprechend. Er bemüht sich, dem anderen kein Leid und keinen Schaden zuzufügen und respektiert den anderen in seiner Andersartigkeit. Er nimmt den anderen und dessen Meinung trotz seiner hiervon abweichenden Ansichten ernst, und zwar umso mehr, als ihm die Beschränktheit seiner eigenen Erkenntnisfähigkeit bewusst ist.[160] Anders ist es beim Intoleranten. Er hat typischerweise vorgefasste Meinungen, die er nicht auf den Prüfstand stellen will. Fremde Ansichten werden nicht gebührend gewürdigt, schnell als unrichtig abgewertet und möglichst ausgeräumt. Der Intolerante will den anderen oft eines vermeintlich Besseren belehren, was im Extremfall zu Fanatismus und gezielter Rechtsgutverletzung führen kann. Kaufmann weist darauf hin, »dass Toleranz keine leichte Sache ist. (...) Sie erfordert Kommunikationsfähigkeit und vor allem die Tugend des Zuhörenkönnens, des Eingehenkönnens auf den anderen und des ihn Ernstnehmenkönnens. Und sie braucht die Kraft, immer wieder neu anzufangen und sich belehren zu lassen durch neue Situationen und neue Informationen.«[161]

Bedeutung

Die große Bedeutung der Toleranz für die Selbstverwirklichung liegt darin, dass sie unabdingbare Voraussetzung für ein gedeihliches menschliches Zusammenleben ist und so der Selbstverwirklichung des Menschen in Frieden und Freiheit dient. Ohne Toleranz würde Chaos herrschen. Jeder Mensch soll seinen Selbstwert, seine Individualität, Spiritualität und Sozialität frei entfalten können, als Einzelwesen und auch als Gemeinschaftswesen. Dies kann nur gelingen, wenn jeder jedem anderen gegenüber Toleranz übt, ganz gleich ob dieser Inländer oder Ausländer, Weißer oder Schwarzer, Mann oder Frau, Mächtiger oder Schwacher, Reicher oder Armer, fähig oder weniger fähig ist. Jeder hat danach das Recht auf Beachtung seiner Rechte und Güter und auf freie Entfaltung seiner Persönlichkeit und Anerkennung seines Werts durch jeden anderen. Jeder hat aber auch die Pflicht, das entsprechende Recht jedes anderen zu beachten. Entsprechendes gilt für das Verhältnis des Einzelnen zur Gemeinschaft und für die Beziehungen der Gemeinschaften untereinander. Das Gebot der Toleranz im Sinne von gegenseitigem Respekt und gegenseitiger Wertschätzung ist die Konsequenz der Gleichwertigkeit und Gleichberechtigung aller Menschen.

Grenze

Die Toleranz kann nicht grenzenlos sein. Sie muss dort enden, wo der Einzelne seine Freiheit grob missbraucht. Anderenfalls gibt sich die Toleranz, die gegen diese Intoleranz keinen Widerstand leistet, selbst auf.[162] Das Ende der Pflicht zur Toleranz und den Beginn des Rechts zum Widerstand gegen die Intoleranz wird man dort ansiedeln können, wo dieser Widerstand zur Verteidigung elementarer Grundrechte, wie das Recht auf Leben, körperliche Unversehrtheit und Freiheit, erforderlich ist. Dann muss der Einzelne das Recht haben, sich mit den Mitteln des Rechtsstaats gegen die Intoleranz zu wehren. In allen anderen Fällen muss sich die Toleranz beim Auftreten von Intoleranz bewähren. Kaufmann kommt zu dem Ergebnis: »Toleranz endet nicht unbedingt an der Intoleranz, sondern nur an der freiheitsgefährdenden Intoleranz«, womit er erkennbar die Gefährdung der in der Verfassung garantierten Freiheit meint.[163]

6. Menschenliebe

Begriff

Zur Klärung des Begriffs der *Menschenliebe* und seiner Abgrenzung gegenüber der Toleranz ist folgende Überlegung hilfreich: Betrachtet man das Verhältnis des Einzelnen zum Mitmenschen oder zur einzelnen Gemeinschaft sowie das Verhältnis zwischen mehreren Gemeinschaften unter dem Gesichtspunkt der Güte der Beziehung, so kann man im Wesentlichen vier Abstufungen unterscheiden: das Gegeneinander, Nebeneinander, Füreinander und Miteinander.

- Beim Gegeneinander streiten beide Seiten, kämpfen psychisch und unter Umständen auch physisch gegeneinander.
- Beim Nebeneinander laufen beide Parteien nebeneinander her. Jeder verfolgt ausschließlich seine Interessen, verletzt aber nicht die Rechte des anderen und fügt diesem auch sonst kein Leid oder Schaden zu. Ansonsten kümmert er sich aber nicht um dessen Belange. Passivität, Teilnahmslosigkeit und Gleichgültigkeit gegenüber dem anderen und eine damit einhergehende soziale Kälte kennzeichnen dieses Verhältnis.
- Beim Füreinander geht der Einzelne auf den anderen zu, interessiert sich für dessen Belange und strebt danach, neben seinem Wohl auch dessen Wohl zu fördern. Anteilnahme und

Fürsorglichkeit sind charakteristische Kennzeichen des Füreinanderdaseins.

- Beim Miteinander schließlich hilft jeder dem anderen, werden anstehende Probleme gemeinsam angepackt, wird Leid und Freud geteilt, besteht ein von Menschlichkeit und Solidarität geprägtes Wir-Gefühl im Verhältnis des Einzelnen zum Mitmenschen und zur Gemeinschaft oder im Verhältnis zwischen mehreren Gemeinschaften.

Positioniert man die Werte der Toleranz und Menschenliebe auf einer vom Gegeneinander bis zum Miteinander reichenden Skala, so ergibt sich, dass die Toleranz charakteristisch für das Verhältnis des Nebeneinanders, die Menschenliebe dagegen typisch für das Verhältnis des Füreinanders und Miteinanders ist.

Während es bei der Toleranz im hier verstandenen Sinne darum geht, dem Mitmenschen oder der Gemeinschaft möglichst kein Leid oder Schaden zuzufügen und sie auch sonst zu respektieren, es sich also um ein Unterlassen oder anerkennendes Dulden handelt, geht es bei der Menschenliebe um ein aktives Tun, durch das Leid und Schaden des Mitmenschen und der Gemeinschaft möglichst verringert, beseitigt oder ihr Wohl in sonstiger Weise verbessert wird. Dies kann in immaterieller oder materieller Weise erfolgen, insbesondere durch Akte der Freundlichkeit, Dankbarkeit, Rücksichtnahme, Anerkennung, Anteilnahme, Fürsorge, Großzügigkeit und Vergebung. Die unter *B II 2* des zweiten Teils für die Förderung des Nächstenwohls aufgeführten Beispiele sind Akte der Menschenliebe. Auf sie wird verwiesen. Der Begriff der *Menschenliebe* beinhaltet also ein großes Spektrum an Verhaltensweisen. Er wird hier als Sammelbegriff verwandt, unter den auch Bezeichnungen wie *Nächstenliebe*, *Brüderlichkeit*, *Mitmenschlichkeit* und *Solidarität* fallen.

Bedeutung

Die Bedeutung der Menschenliebe für die Selbstverwirklichung ist offensichtlich. Sie ergibt sich aus der Zielrichtung der Selbstverwirklichung. Leitziele der Selbstverwirklichung sind die Achtung und Entfaltung des Menschenwerts sowie die Förderung des Menschenwohls. Die Zielrichtung lautet: *vom Ich zum Du und Wir, vom Eigenwohl zum Gemeinwohl, vom Egoismus zum Altruismus.* Dieser Zielrichtung dient der Wert der Menschenliebe. Seine Beachtung gewährleistet, dass der Mensch als Einzelwesen oder in Gemeinschaft mit anderen wahrhaft menschenwürdig, also seinem Wert entsprechend behandelt wird. Nur so gelangen wir zu dem allseits angestrebten friedvollen, harmonischen Zusammenleben der Menschen, in dem ein liebevolles Für- und Miteinander an die Stelle des gleichgültigen Nebeneinanders oder gar Gegeneinanders[164], Gemeinsamkeit und Zugehörigkeit an die Stelle von Einsamkeit und Entfremdung treten.[165]

Im globalen Kontext wird man wohl sagen müssen, dass ohne Menschenliebe in Form von Mitmenschlichkeit und Solidarität (speziell für die im Elend lebenden Menschen bei uns und in den anderen Teilen der Erde) die mit der Bevölkerungsexplosion verbundenen und immer stärker werdenden wirtschaftlichen und sozialen Spannungen auf Dauer nicht gemeistert werden können. Kaufmann bezeichnet dies als Schicksalsfrage der heutigen Menschheit, wobei er allerdings zur Eindämmung des Elends Toleranz verlangt, hierunter jedoch ganz offensichtlich ein mitmenschliches und solidarisches Handeln versteht, wenn er ausführt: »Wir müssen gegenüber solchen Menschen, die auf der Schattenseite des Lebens stehen, mehr tun. Wir müssen ihnen helfen, sich aus ihrer existentiellen Not zu befreien, damit sie allererst einmal menschenwürdig leben können. (...) Solange sie im Elend leben, sind Menschenwürde, Freiheit, Kultur, Toleranz keine menschlichen Möglichkeiten für sie.«[166]

Grenze

Die Aufgabe des Menschen zur Förderung des Nächsten-, Gemeinschafts- und Umweltwohls und damit zur Menschenliebe kann nicht grenzenlos gelten. Sie steht vielmehr unter dem Vorbehalt der Zumutbarkeit.

Zur Beurteilung der Zumutbarkeit müssen im Einzelfall alle einschlägigen Gesichtspunkte angemessen berücksichtigt und gegeneinander abgewogen werden, wie beispielsweise Art, Aufwand und Erforderlichkeit der infrage kommenden Fördermaßnahme, Wichtigkeit und Dringlichkeit sonstiger Aufgaben und die Enge der Beziehung. Dabei müssen neben der fremden Würde auch die eigene Würde und das eigene Selbstbestimmungsrecht gebührend berücksichtigt werden. Im Einzelnen wird hierzu auf die Ausführungen zur Abstimmung der Aufgaben am Ende des zweiten Teils unter *E IV* verwiesen.

III. Ausführungswerte

Ausführungswerte sind, wie der Name schon andeutet, Werte, die wir vor allem bei der Ausführung des Selbstverwirklichungsauftrags beachten sollen. Die damit verbundenen Einstellungen, Überzeugungen und Fähigkeiten sind nicht einfach da, sondern müssen von uns oft erst in einem langwierigen Prozess erarbeitet, gepflegt und möglichst immer weiter verbessert werden.

Zu den Ausführungswerten zählen insbesondere Zielstrebigkeit, Konzentration und Selbstbeherrschung, Leistungswille und Leistungseinsatz, Gründlichkeit und Fleiß, Mut, Ausdauer, Geduld und Gelassenheit. Sie werden nachstehend kurz beschrieben.

1. Zielstrebigkeit

Zielstrebig ist, wer sich Ziele setzt und diese konsequent verfolgt. Bei der Zielstrebigkeit als Ausführungswert geht es vorrangig um die Zielverfolgung. Ziele sind dazu da, erreicht zu werden. Der Zielstrebige will sein Ziel auf möglichst schnellem Weg erreichen. Er macht sich hierzu einen Plan, verfolgt diesen unter Einsatz aller verfügbaren Kräfte und versucht, sich möglichst nicht ablenken zu lassen.

2. Konzentration

Die Konzentration hängt eng mit der Zielstrebigkeit zusammen. Sie ist eine besonders intensive Form der Aufmerksamkeit, bei der die geistig-seelischen Kräfte nur auf einen Gegenstand und nicht auf mehrere Gegenstände gerichtet sind.

Bei der Zielkonzentration ist das gesamte Denken auf das angestrebte Ziel gerichtet und lässt sich davon auch nicht ablenken. Dies bewirkt, dass auch unsere Energie und Tatkraft in die Richtung der Konzentration fließt, mit der Folge, dass wir umso mehr innerlich und äußerlich erschaffen können, je stärker wir uns darauf konzentrieren.

Wichtig ist auch die Gegenwartskonzentration. Bei ihr sind wir mit unseren Gedanken und Gefühlen allein in der Gegenwart, im Hier und Jetzt, nicht in der Vergangenheit oder Zukunft. Wir konzentrieren uns auf das, was wir gerade tun. Eine dem Zen-Buddhismus zugeschriebene Erzählung verdeutlicht dies: In der Erzählung, die es in vielen Varianten gibt, wird ein weiser Mann gefragt, wie er immer so gesammelt sein könne. Er antwortet: *Wenn ich sitze, dann sitze ich, wenn ich stehe, dann stehe ich, wenn ich gehe, dann gehe ich.* Als daraufhin die Fragenden einwenden, dass sie dies auch tun würden, erwidert er:

Nein, das tut ihr nicht. Wenn ihr sitzt, dann steht ihr schon, wenn ihr steht, dann geht ihr schon, wenn ihr geht, dann seid ihr schon am Ziel.

Die Konzentration auf die Gegenwart ist auch ein gutes Mittel, um von Problemen, Sorgen und Ängsten, die in der Vergangenheit oder Zukunft wurzeln, Abstand zu gewinnen. Zugleich eignet sie sich sehr gut zum Training der Konzentrationsfähigkeit.

3. Selbstbeherrschung

Die Selbstbeherrschung dient der Zielstrebigkeit und Konzentration. Beobachten wir unsere Gedanken und Gefühle, so stellen wir fest, dass sie sehr wechselhaft sind. Sie reagieren auf jeden Reiz und springen ständig von einem Gegenstand zum anderen. Wir müssen sie also disziplinieren, zügeln und steuern, um uns nicht von unserem Zielvorhaben ablenken zu lassen. Auch müssen wir lernen, unsere Bedürfnisse, Interessen und Absichten zu beherrschen. Insbesondere gilt es, unsere negativen Gedanken, Gefühle, Wünsche und Erwartungen durch solche positiver Art zu ersetzen.[167] Dies ist keine leichte Aufgabe. Sie erfordert ein hohes Maß an Selbstbeherrschung, Übung und Ausdauer. Immer wieder gilt es, sich auf die Macht seiner geistig-seelischen Kräfte zu besinnen und die Konzentration auf das zu lenken, was man wirklich will, und nicht auf das, was man nicht will.

4. Leistungswille und Leistungseinsatz

Ziel des Leistungswillens und Leistungseinsatzes ist es, ein möglichst gutes Ergebnis zu erzielen, ohne dabei dem Perfektionismus zu verfallen. Der Leistungswillige hat einen gesunden Ehrgeiz. Er stellt hohe Anforderungen an sich. Er will sein Bestes geben und setzt sich deshalb mit Freude voll für das Ziel ein. Was er macht, will er richtig machen. Mittelmäßige Ergebnisse sind nicht seins. Er weiß: *Wie die Saat, so die Ernte.* Kleiner Einsatz bringt kleine Ergebnisse, großer Einsatz verspricht große Ergebnisse.

5. Gründlichkeit und Fleiß

Gründlichkeit und Fleiß dienen dem Leistungswillen. Will ich meine Sache richtig machen, kann ich mich nicht mit einer oberflächlichen Lösung begnügen und muss deshalb auch bereit sein, die hierzu erforderliche Zeit und Mühe aufzubringen.

6. Mut

Der Mut steht im Dienst der Zielstrebigkeit und ist ein Mittel des Leistungseinsatzes. Er dient der Durchsetzung eines Vorhabens und bedeutet vor allem Mut zur Konsequenz.

Mut setzt auf Vertrauen und den Glauben an den Erfolg. Der Mutige geht trotz bestehender Hindernisse, Gefahren und Ängste konsequent seinen Weg. Er steht zu seinen Zielen und Überzeugungen. Er bejaht alles, was deren Erfüllung dienlich ist, und lehnt alles ab, was ihn davon abhält. Erfolg liegt nicht erst vor, wenn das Ziel erreicht ist, sondern beginnt oft schon mit dem Mut, das Ziel zu erreichen.

Mut ist Wagemut, jedoch kein Übermut. Die mit der mutigen Haltung verbundenen Risiken müssen in einem angemessenen Verhältnis zu dem verfolgten Ziel stehen. Comte-Sponville bezeichnet deshalb den Mut auch als *Mittelweg zwischen Feigheit und Tollkühnheit.*[168] Wir müssen also die mit unseren Handlungen verbundenen Risiken sorgfältig abwägen. Niederlagen und Enttäuschungen werden gleichwohl nicht ausbleiben. Wir dürfen uns von ihnen aber nicht entmutigen lassen. Wir müssen sie hinnehmen und uns bemühen, aus ihnen zu lernen.

7. Ausdauer und Geduld

Ziele sind in der Regel nicht sofort zu erreichen. Dies gilt besonders für anspruchsvolle Ziele. Ihre Ausführung braucht erfahrungsgemäß Zeit und erfordert damit Ausdauer. Ausdauer hilft uns, bei der Zielverfolgung nicht nachzulassen, sondern durchzuhalten, bis das angestrebte Ziel erreicht ist.[169]

Daneben benötigen wir für die Zielverwirklichung häufig die Fähigkeit, warten zu können und gegebenenfalls auch Rückschläge hinzunehmen, in dem Vertrauen, dass alles zu seiner Zeit erfolgen und gut ausgehen wird. Dies erfordert oft Geduld mit sich, den Mitmenschen, den Umständen und dem Schicksal. Eindrucksvoll ist die Feststellung von Thomas Edison, dem Erfinder der Glühbirne, der geäußert haben soll: »Fünfhundert Methoden habe ich gefunden, mit denen es nicht ging. ... Das hat mich nicht entmutigt, denn jeder Fehlversuch ist ein kleiner Schritt in die richtige Richtung.«[170]

8. Gelassenheit

Gelassenheit hängt mit Geduld zusammen, geht aber doch weit über sie hinaus. Sie beschreibt einen mentalen Zustand des Losgelöstseins, des Freiseins von jeglicher Verkrampftheit und Zwanghaftigkeit und damit einen Zustand der Ausgeglichenheit.

Die Aufforderung, gelassen zu sein, bezieht sich auf alle vorgenannten Ausführungswerte. Zielstrebigkeit, Konzentration, Selbstbeherrschung, Leistungswille und Leistungseinsatz, Gründlichkeit und Fleiß, Mut, Ausdauer und Geduld dürfen nicht zwanghaft eingehalten werden. Dies führt nur zu einer verkrampften und erfolglosen Haltung. Ihren vollen Wert können die Ausführungswerte nur dann entfalten, wenn sie in Gelassenheit praktiziert werden. die sich durch Lockerheit, Unbeschwertheit und vertrauensvolle Zuversicht auszeichnet.

Gelassenheit empfiehlt sich nicht nur für unsere Einstellung bei der Ausführung unserer Selbstverwirklichungsziele, sondern auch für unsere gesamte Lebenseinstellung. Egal ob ein Ziel nicht erreicht wird oder ein sonstiger negativer Umstand eintritt: Gelassenheit hilft uns, einen klaren Kopf zu bewahren, hinzunehmen, was nicht zu ändern ist, und zu ändern, was geändert werden kann und soll, und zwar zur rechten Zeit und nicht voreilig oder zu spät.

Gelassenheit erweist sich so als eine *Haltung der inneren Stabilität und Unanfechtbarkeit.*[171] Sie hilft uns weiter in dem Bemühen, einen tieferen Sinn in dem Geschehen zu sehen, frei nach dem Motto: *Wer weiß, wozu es gut ist. Was mich trifft, macht mich trefflicher.* So führt uns Gelassenheit zu einer gewissen Abgeklärtheit und Weisheit.

Vierter Teil: VERFAHREN

Das Verfahren der Selbstverwirklichung besteht aus zwei Teilen: der Aufstellung eines Gesamtplans und der Aufstellung und Ausführung des Tagesplans. Im Gesamtplan halten wir unsere Ziele fest. Bei der Aufstellung und Ausführung des Tagesplans geht es um die Verwirklichung dieser Ziele.

A. Aufstellung des Gesamtplans

Nachdem die Aufgaben der Selbstverwirklichung und die für ihre Ausführung verfügbaren Mittel geklärt sind, kann nun an die Auswahl der individuell-konkreten Ziele gedacht werden. Hierzu müssen wir entscheiden, welche Ziele wir verfolgen wollen, und diese sodann in einem Plan festhalten. Der Plan soll als Grundlage für die tägliche Arbeit an der Selbstverwirklichung dienen. Er soll gewährleisten, dass wir uns jederzeit Klarheit über unsere wesentlichen Ziele verschaffen können und diese konzentriert und zeitsparend verfolgen. Fehlt es an einem solchen Plan, besteht die Gefahr, im Strom des Lebens steuerlos dahinzutreiben und die wesentlichen Ziele gar nicht oder nur unvollständig, unkonzentriert und zeitaufwendig auszuführen.

I. Zum Inhalt des Gesamtplans

Der Plan enthält eine Zusammenstellung der Sachziele, die in einem bestimmten Zeitraum erreicht werden sollen. Die Sachziele sollen der Selbstverwirklichung dienen. Sie müssen sich folglich an deren Leitzielen und den daraus folgenden Aufgaben orientieren. Wichtig für die Planung sind insbesondere die Ziele, deren Verwirklichung einem besonders am Herzen liegen, die das eigene Leben wert- und sinnvoll machen. In der Regel handelt es sich hierbei nicht um kurzfristige, sondern um mittel- und langfristige Ziele.

Bei der Planaufstellung beginnt man am besten mit den Sachzielen im Eigenbereich und schreitet dann entsprechend dem Aufbau des zweiten Teils sukzessive weiter zu den Zielen im Nächsten-, Gemeinschafts- und Umweltbereich.

Stehen die Ziele fest, sind diese nach zeitlichen Kriterien zu ordnen. Hierfür bietet sich zunächst eine grobe Einteilung in kurz-, mittel- und langfristige Ziele an. Auf dieser zeitlichen Einteilung aufbauend kann jeder dann seinen Wochen-, Monats-, Jahres- oder Mehrjahresplan erstellen.

In der Regel dürfte es sich empfehlen, nicht zu viele Ziele in den einzelnen Plan aufzunehmen. Es ist oft besser, sich auf die wichtigsten Ziele zu beschränken und diese dafür umso konzentrierter zu verfolgen. Diese Einschränkung sollte jedoch nicht auf Kosten der großen Zielrichtung der Selbstverwirklichung gehen: vom Materiellen zum Spirituellen, vom Egoismus zum Altruismus.

So sollte der einzelne Wochen-, Monats- oder Jahresplan insbesondere zwei Voraussetzungen erfüllen: Zum einen soll er im Eigenbereich neben Zielen aus dem materiellen Bereich auch Ziele aus dem geistigen Bereich und dort neben Wissenszielen auch Kultur-, Wert- und Sinnziele enthalten. Zum anderen soll er neben

Zielen aus dem Eigenbereich auch Ziele aus anderen Bereichen (Nächsten-, Gemeinschafts- oder Umweltbereich) enthalten.

Für den einzelnen Tagesplan kann dieses Vollständigkeitsgebot nicht gelten. Es ist in der Regel nicht möglich, jeden Tag Zeit für die Verfolgung aller wesentlichen Ziele zu finden. Umso wichtiger ist es deshalb, im Wochen-, Monats- und Jahresplan Zeiten für bedeutsame Ziele – für deren Verfolgung sonst erfahrungsgemäß keine oder zu wenig Zeit übrig bliebe – fest einzuplanen, zum Beispiel bestimmte Zeiten an bestimmten Tagen für die Verfolgung geistiger oder sozialer Ziele.

II. Zielauswahlverfahren

Betrachtet man die verschiedenen Sachziele unter dem Gesichtspunkt, inwieweit sie einer näheren Auswahl bedürfen, lassen sich zwei Gruppen unterscheiden:

Zur ersten Gruppe gehören jene Aufgaben, für die keine besondere Auswahl nötig ist. Dies sind die Daueraufgaben, deren Inhalt feststeht, wie das Erkennen und die Achtung des Eigen-, Nächsten-, Gemeinschafts- und Umweltwerts. Hier geht es jeweils um die Feststellung und Würdigung eines Wertes oder die Einhaltung eines bestimmten Verhaltens, nicht jedoch um besondere Auswahlentscheidungen.

Anders ist es dagegen bei der zweiten Gruppe. Zu ihr gehören alle übrigen Aufgaben der Selbstverwirklichung: die Entfaltung des Eigenwerts und die Besorgung des Eigenwohls sowie die Förderung des Nächsten-, Gemeinschafts- und Umweltwohls. Bei der Entfaltung des Eigenwerts geht es um die Realisierung und Weiterentwicklung unseres Individual-, Spiritual- und Sozialwerts. Hier bietet sich in der Regel eine Vielzahl von Auswahlmöglichkeiten an. Noch größer sind die Gestaltungsmöglichkeiten bei der Besorgung des Eigenwohls und bei der Förderung des Nächsten-, Gemeinschafts- und Umweltwohls. Hier müssen wir ständig entscheiden, im Eigenbereich zum Beispiel über das *Ob, Wann* und *Wie* der Befriedigung unserer Basis-, Spiritual- und Sozialbedürfnisse, in den übrigen Bereichen über das *Ob, Wann* und *Wie* der Förderung fremden Wohls.

Erst wenn wir unsere mittel- und langfristigen Ziele ausgewählt haben, können wir unseren Plan aufstellen. Doch wie sollen wir bei der Zielauswahl vorgehen, insbesondere dann, wenn es sich um komplexe Entscheidungen handelt, wie die Entscheidung über die Wahl eines Berufs, einer neuen Arbeitsstelle, den Erwerb oder Bau eines Hauses?

Bei den Ausführungen zur Ermittlung der Ursachen eines Problems unter *B II 3* des dritten Teils wurde darauf hingewiesen, dass die Lösung komplexer Aufgaben bei der Ermittlung von Ursachen in vier Schritten erfolgen kann: Auswahl von Optionen, Analyse der Optionen, Bewertung der Analyseergebnisse und Entscheidung. Diese Vorgehensweise bietet sich auch für die Auswahl komplexer Ziele im Rahmen der Planaufstellung an. Im Folgenden werden die einzelnen Verfahrensschritte kurz beschrieben.

1. Auswahl der Zieloptionen

Hier geht es um eine Vorauswahl, bei der die in Betracht kommenden, prüfungswürdig erscheinenden Alternativen – *Zieloptionen* genannt – ermittelt werden.

Maßgebliche Kriterien für die Auswahl der Zieloptionen sind das *Wollen* (Was will ich im Einzelnen sein, tun, haben, erleben? Was erfüllt mich? Was macht mir große Freude?), das *Können* (Ist die Zieloption im Hinblick auf meine Stärken, Schwächen und Umweltverhältnisse realisierbar?), und das *Sollen* (Inwieweit dient das Ziel meiner Weiterentwicklung?).

Bei der Auswahl empfiehlt es sich in der Regel, entsprechend den Ausführungen unter *A II* des dritten Teils rational und intuitiv vorzugehen und auch an Alternativen wie Modifikationen und Zwischenlösungen zu denken.

2. Analyse der Zieloptionen

Wichtige Kriterien für die Analyse der Zieloptionen sind die mit der Zieloption verfolgten Haupt- und Nebenzwecke, die Voraussetzungen der Zieloption (zum Beispiel persönliche, sachliche, wirtschaftliche, finanzielle, arbeitsmäßige und zeitliche Voraussetzungen) und schließlich die kurz-, mittel- und langfristigen Haupt- und Nebenfolgen, die mit der Zielausführung und Zielerreichung verbunden sind – für einen selbst (zum Beispiel in physischer, psychischer, sozialer und wirtschaftlicher Hinsicht), für Mitmenschen, Gemeinschaft, Umwelt und gegebenenfalls künftige Generationen.

3. Bewertung der Analyseergebnisse

Die Bewertung der Analyseergebnisse erfolgt wie bei der Auswahl der Zieloptionen anhand der Kriterien des individuellen Wollens und Könnens sowie des Sollens in rationaler und intuitiver Weise.

4. Auswahlentscheidung

Am Ende wird jeweils die Zieloption für die Durchführung ausgewählt, die nach den Bewertungsergebnissen unserem Wollen, Können und Sollen am besten entspricht.

Die folgende Tabelle soll das Auswahlverfahren noch einmal veranschaulichen:

Auswahl der Zieloptionen	Analyse der Zieloptionen			Bewertung der Analyseergebnisse			Entscheidung
	Zweck	Voraussetzungen	Folgen	Wollen	Können	Sollen	
1. Option							
2. Option							
3. Option							

III. Überprüfung und Anpassung des Gesamtplans

Sach- und Zeitpläne sind nicht für die Ewigkeit geschaffen; sie sind situationsbedingt entstanden. Sie müssen deshalb bei Bedarf, also bei Änderung der zugrunde liegenden Annahmen, und ansonsten in regelmäßigen Zeitabständen auf ihre Relevanz geprüft und gegebenenfalls angepasst werden. Das liegt vor allem daran, dass sich unsere Wünsche und Überzeugungen sowie unsere körperlichen, geistig-seelischen, intuitiven, wirtschaftlichen und sozialen Kräfte und auch unsere Lebensverhältnisse – und damit wiederum unsere Bedürfnisse, Wünsche, Ziele und Kräfte – häufig ändern. Dies gilt es zu beachten und sich deshalb immer wieder Zeit zum Überdenken der Sach- und Zeitziele des Gesamtplans zu nehmen.

B. Aufstellung und Ausführung des Tagesplans

Unsere Lebenszeit ist begrenzt und ungewiss. Wir sollten deshalb zeitbewusst und wesentlich leben. Aus der Bedeutung unserer Zeit folgt die Bedeutung des Tagesplans. Wesentlich leben heißt nicht nur, die wesentlichen Ziele in Form eines Gesamtplans festzuhalten, sondern diesen auch Tag für Tag konzentriert umzusetzen.

Hierzu bedarf es eines Plans für jeden Tag. Er beschreibt das bei der täglichen Arbeit an der Selbstverwirklichung anzuwendende Verfahren. Dieses setzt sich aus vier Teilen zusammen:

- Grundeinstellung,
- Auswahl der Tagesziele,
- Einstellung auf die Tagesziele,
- Ausführung der Tagesziele.

Im Folgenden werden diese vier Verfahrensabschnitte näher beschrieben.

I. Grundeinstellung

Die Grundeinstellung nimmt man am besten gleich frühmorgens vor. Die wenigen Minuten, die sie erfordert, dienen

- der Einstellung auf den Tag,
- der Einstellung auf eine positive Grundstimmung und
- der Einstellung auf die Selbstverwirklichung.

1. Einstellung auf den Tag

Jeder Tag unseres Lebens ist kostbar und unwiederbringlich. Was wir heute denken, fühlen, wollen, erwarten und tun bestimmt unsere Zukunft. Ein gutes erfülltes Leben ist letztlich nichts anderes als eine Reihe guter erfüllter Tage. Freuen wir uns also über jeden neuen Tag, den uns das Leben schenkt, und begrüßen ihn zum Beispiel mit den Worten: *Dies ist ein Tag meines Lebens. Er kommt nicht wieder. Ich liebe diesen Tag und mache das Beste aus ihm für mich und andere nach dem Motto: Sein Bestes geben, ist das beste Gebet.* Diese Worte erinnern zugleich daran, dass wir nur in der Gegenwart und nicht in der Vergangenheit oder Zukunft leben und handeln können. Betrachten wir jeden Tag als ein neues Leben, das uns die Möglichkeit gibt, an unserer Selbstverwirklichung zu arbeiten und Gutes für uns und andere zu tun.

2. Einstellung auf eine positive Grundstimmung

Sodann gilt es, für eine positive Grundstimmung zu sorgen, die uns den ganzen Tag über bei der Auswahl und Ausführung unserer Tagesziele unterstützt. Hierfür ist es wichtig, die im zweiten Teil unter *A II 2a* genannten Grundstimmungswohlfaktoren anzuwenden, sich also auf Umstände im Leben zu besinnen, die einen zufrieden und dankbar, liebevoll und freudig, vertrauensvoll und zuversichtlich stimmen.

Zufrieden kann man mit allem sein, was man bisher an Positivem erfahren hat und an Negativem nicht erleben musste. Dafür kann man auch dankbar sein. Förderlich für eine positive Grundstimmung sind ferner alle Gedanken und Gefühle, die einen in der Liebe zu sich selbst und dem eigenen Handeln, zum Mitmenschen, zur Gemeinschaft und zur Umwelt bestärken und mit Freude erfüllen. Schließlich gehört hierher auch die Besinnung auf Faktoren, die das Selbst-, Menschen- und Lebensvertrauen anheben und einen mit Zuversicht in die Zukunft blicken lassen.

3. Einstellung auf die Selbstverwirklichung

Die Einstellung auf die Selbstverwirklichung besteht darin, sich die Leitziele, Aufgaben und Mittel der Selbstverwirklichung und des Lebens bewusst zu machen.

Die Leitziele für die Selbstverwirklichung und das Leben sind der Wert und das Wohl des Menschen. Sie basieren auf der Annahme und Überzeugung, dass jeder Mensch einen besonderen Wert darstellt sowie nach Wohlbefinden strebt und dass es bei der Selbstverwirklichung um die Achtung und Entfaltung des Menschenwerts sowie die Förderung des Menschenwohls geht.

Die vier großen Aufgaben der Selbstverwirklichung, die sich aus den Leitzielen ergeben, sind der Eigenwert- und Eigenwohlauftrag, der Nächstenwert- und Nächstenwohlauftrag, der Gemeinschaftswert- und Gemeinschaftswohlauftrag und der Umweltwert- und Umweltwohlauftrag. Danach soll jeder seinen Wert als Mensch, Individuum, geistiges und soziales Wesen erkennen, achten und entfalten und für sein Wohl, insbesondere sein psychisches, körperliches, arbeitsmäßiges, materielles, geistiges und soziales Wohl sorgen. Er soll aber auch den Wert des Mitmenschen, der Gemeinschaft und der Umwelt erkennen und achten und deren Wohl in zumutbarer Weise fördern.

Die Mittel, die wir für die Ausführung der Aufgaben haben, sind unsere Kräfte, Lebensverhältnisse, Lebenszeit und Wertmaßstäbe.

An Kräften stehen uns unsere im dritten Teil unter *A* näher beschriebenen geistig-seelischen, intuitiven, körperlichen, sozialen und wirtschaftlichen Kräfte zur Verfügung. Von ihnen sind besonders unsere geistig-seelischen und intuitiven Kräfte bedeutsam, denn mit ihnen gestalten wir unser Leben. Sie sind unsere Steuerungsmittel. Es ist deshalb wichtig, uns täglich die Macht und Anwendungsweise unserer geistig-seelischen und intuitiven Kräfte vor Augen zu führen.

Unsere Lebensverhältnisse sind wechselhaft. Sie enthalten eine Vielzahl von Möglichkeiten und Beschränkungen. Im Wesentlichen geht es darum, das Leben so anzunehmen, wie es ist, und das Beste daraus zu machen. Hierzu gehört auch die Aufgabe, Ereignissen, die uns unangenehm sind, einen positiven Sinn zu geben, indem wir sie als eine Gelegenheit für unsere Entwicklung betrachten und nutzen.

Unsere Lebenszeit ist begrenzt und ungewiss. Wir müssen deshalb bei der Auswahl und Ausführung unserer Ziele sorgfältig mit ihr umgehen. Wir sollten uns dies täglich bewusst machen.

Schließlich sollten wir uns täglich auch auf die bei der Selbstverwirklichung zu beachtenden Wertmaßstäbe besinnen: die im dritten Teil unter *D II* und *D III* behandelten Grundwerte und Ausführungswerte. Sie sind Maßstäbe für die Frage, wofür und wie wir unsere Kräfte, Lebensverhältnisse und Lebenszeit einsetzen sollen. Bedeutsam sind hier vor allem die Grundwerte der Freiheit, Verantwortlichkeit, Wahrhaftigkeit, des Friedens, der Toleranz und der Menschenliebe.

II. Auswahl der Tagesziele

Auf die Grundeinstellung folgt die Auswahl der Tagesziele.

In der Praxis drängen sich die täglichen Aufgaben wegen ihrer Dringlichkeit und Wichtigkeit oft so auf, dass es anscheinend gar kein Auswahlproblem gibt oder sich dieses auf die Frage reduziert, in welcher Reihenfolge die anstehenden Aufgaben erledigt werden sollen. Dies ändert jedoch nichts an der grundsätzlichen Bedeutung der Abstimmung der Tagesziele mit den Zielen des persönlichen Gesamtplans, auf die im Folgenden eingegangen werden soll. Nur wenn die Tagesziele sich an den Zielen des Gesamtplans orientieren, kann sich dieser praktisch auswirken, kann die Ausführung der Tagesziele der Selbstverwirklichung dienen.

Eine tägliche Abstimmung scheidet aus Zeitgründen aus. Jeder Tag hat seine eigenen Aufgaben und fordert in der Regel unsere ganze Aufmerksamkeit. In Betracht kommt deshalb nur eine regelmäßige, in bestimmten Zeitabständen erfolgende Abstimmung unserer Tagesziele mit unserem Gesamtplan. Auf diese periodische Abstimmung kann allerdings nicht verzichtet werden, wenn der Gesamtplan nicht bloße Theorie bleiben soll.

Doch wie soll man nun bei dieser periodischen Abstimmung vorgehen? Zur Beantwortung dieser Frage soll zunächst ein Blick auf Art, Umfang und Zweck der Tätigkeiten geworfen werden, mit denen wir typischerweise unsere Tageszeit verbringen, und sodann untersucht werden, inwieweit diese Tätigkeiten für die Zielerreichung inhalts- und umfangsmäßig geeignet sind und auf was hier gegebenenfalls zu achten oder was zu ändern ist.

Betrachtet man die häufigsten Beschäftigungen, mit denen wir normalerweise unsere Tageszeit verbringen, so lassen sich drei große Bereiche von Tätigkeiten unterscheiden: der Bereich der Gesundheitspflege, der Bereich der Arbeitstätigkeiten und der Bereich der Freizeitbeschäftigungen.

Ein großer Teil der Tageszeit fällt auf die Gesundheitspflege (Körperhygiene, Ernährung, Schlaf). Einen weiteren großen Teil des Tages beanspruchen die Arbeitstätigkeiten. Hierunter fallen die Ausbildungstätigkeit und Erwerbsarbeit, die Verwaltungsarbeit

(Einkaufen, Hausarbeit, Schriftverkehr etc.) und bei vielen Menschen noch eine weitere Art von Tätigkeit, die mehr oder weniger täglich anfällt. Sie wird hier mit dem Begriff *Sorgetätigkeit* umschrieben. Es handelt sich dabei um Tätigkeiten, die aus einer bestehenden oder als bestehend empfundenen Pflicht für andere (Partner, Kinder, Eltern, weitere Familienangehörige, Nachbarn oder sonstige Personen) erbracht werden.

Bleiben noch die Freizeitbeschäftigungen. Sie beziehen sich nicht auf die vorgenannten Tätigkeiten und werden vom Einzelnen aus freien Stücken vorgenommen. Umfangsmäßig macht die für die Freizeitbeschäftigung verfügbare Zeit bei der großen Mehrzahl der Menschen durchschnittlich nur einen sehr kleinen Teil der Tageszeit aus. Der größte Teil des Tages wird für die übrigen Tätigkeiten verwandt. Diese dienen ganz überwiegend der Befriedigung der eigenen oder fremden Elementarbedürfnisse. Die Zweckausrichtung der Freizeitbeschäftigung kann dagegen ganz unterschiedlich sein. So kann die freie Zeit für das eigene körperliche Wohl (zum Beispiel Sport treiben) und/oder das eigene und/oder fremde Sozialwohl (wie Pflege sozialer Kontakte, Einsatz für ein soziales Anliegen) und/oder das geistige Wohl verwandt werden wie Informationsbeschaffung über Presse, Fernsehen, Internet etc..

Vergleicht man nun den Ist-Zustand der üblichen Tätigkeiten mit dem Soll-Zustand, also den Zielen der Selbstverwirklichung, so ergibt sich Folgendes: Die Gesundheitspflege, Ausbildungs-, Erwerbs- und Verwaltungsarbeit dienen dem Eigenwohl und gegebenenfalls auch dem Fremdenwohl und sind grundsätzlich zielkonform zu den Zielen der Selbstverwirklichung. Entsprechendes gilt für die Sorgetätigkeiten, die dem Nächstenwohl oder dem Gemeinschaftswohl dienen. Fraglich kann bei all diesen Beschäftigungen jedoch sein, ob sie auch inhaltlich und umfangsmäßig den Zielen der Selbstverwirklichung gerecht werden. Solche Fragen können sich zum Beispiel hinsichtlich der Gesundheitspflege und der Erwerbsarbeit stellen. Ist die Gesundheitspflege ausreichend (gesunde Ernährung, genügend Bewegung und Entspannung)? Entspricht die Erwerbsarbeit den persönlichen Neigungen, Fähigkeiten und Interessen und wird sie mit der Einstellung ausgeübt, das Beste für sich und andere zu geben, oder sind hier Änderungen vorzunehmen? Sind die mit der Erwerbsarbeit verfolgten materiellen Ziele angemessen? Weiter sind Umfang und Qualität der Freizeitbeschäftigungen auf den Prüfstand zu stellen. Verbleibt genügend freie Zeit für die Beschäftigung mit Fragen aus dem Wissens-, Kultur-, Wert- und Sinnbereich oder für wertvolle soziale Kontakte und wird die freie Zeit auch insoweit sinnvoll genutzt? Oder ist es vielmehr so, dass hierfür so gut wie keine Zeit bleibt oder die freie Zeit wenig sinnvoll verwandt wird? In diesen Fällen ist dann ernsthaft über Änderungen nachzudenken, zum Beispiel inwieweit Kürzungen bei der Erwerbs-, Verwaltungs- und Sorgetätigkeit zugunsten wertvoller Freizeitbeschäftigungen vorzunehmen sind.

Die Freizeit gibt den größten Gestaltungsspielraum. In ihr kann man über seine materiellen und egoistischen Ziele hinauswachsen und sich freiwillig spirituellen, sozialen oder umweltmäßigen Anliegen zuwenden. Mit unserer Freizeit sollten wir deshalb sehr wählerisch umgehen. Schließlich sollten wir uns bei dem Vergleich des Ist-Zustandes mit dem Soll-Zustand in allen Tätigkeitsbereichen auch stets fragen, inwieweit wir der Aufgabe gerecht werden, jeden Mitmenschen als gleichwertige und an Menschenrechten gleichberechtigte Person anzusehen, ihn in seiner Andersartigkeit zu achten, ihm weder Leid noch Schaden zuzufügen und ihn auch sonst menschenwürdig zu behandeln. All diese Fragen sind bezüglich der Auswahl der Tagesziele zu stellen und im Sinn der Ziele der Selbstverwirklichung zu beantworten und umzusetzen.

Aus diesen allgemeinen Überlegungen folgt: Jeder muss sich bei der Auswahl der täglichen Ziele um die Übereinstimmung seiner Tagesziele mit den Zielen seines Gesamtplans kümmern und zu diesem Zweck Art, Inhalt und Umfang seiner gewöhnlichen Tätigkeiten in regelmäßigen Abständen kritisch hinterfragen und gegebenenfalls im Sinn seiner Selbstverwirklichungsziele ändern.

Soweit bei der Bestimmung der Tagesziele komplexe Auswahlentscheidungen zu treffen sind, kann das für die Zielauswahl vorgestellte Verfahren mit seinen vier Stufen angewandt werden: Auswahl der Zieloptionen, Analyse der Zieloptionen, Bewertung der Analyseergebnisse und Auswahlentscheidung.

III. Einstellung auf die Tagesziele

Stehen die Tagesziele fest, geht es an deren Ausführung.

Die Zielausführung besteht aus einem inneren und äußeren Vorgang. Der innere Vorgang besteht in der Einstellung zu dem Zielvorhaben, der äußere Vorgang in der nach außen tretenden Ausführungshandlung. Die Einstellung bereitet also die Ausführungshandlung vor. Die Bedeutung der Einstellung für die Zielverfolgung beruht auf der im dritten Teil unter *A / 6* beschriebenen Macht unserer geistig-seelischen Kräfte. Was wir konzentriert denken, fühlen, wollen, erwarten und uns bildhaft vorstellen, drängt auf Verwirklichung. Dabei gilt: Je intensiver die Einstellung, desto größer ihre Realisations- beziehungsweise Anziehungskraft und desto schneller erreichen wir unser Ziel. Der Zielerfolg hängt somit wesentlich davon ab, dass wir unsere geistig-seelischen Kräfte konzentriert auf das Ziel ausrichten, vergleichbar einem Bergsteiger, der sein gesamtes Denken, Vorstellen, Fühlen, Wollen und Erwarten auf den Gipfel lenkt.

Für die Zieleinstellung, egal welcher Art das Ziel ist, bietet sich folgendes Verfahren an: Es besteht aus sechs Stufen, von denen jede weitere Stufe auf den vorhergehenden Stufen aufbaut und deren Wirkung erweitert, vergleichbar einem Scheinwerfer, dessen Helligkeit und Reichweite durch Hinzuschalten der weiteren Helligkeitsstufen immer größer wird. Jede Stufe repräsentiert eine geistig-seelische Kraft. Es beginnt mit der Kraft des Denkens; es folgen die Vorstellungskraft, die Gefühlskraft, die Willenskraft, die Erwartungs-/Glaubenskraft und die Kraft der geistig-seelischen Vorwegnahme des verfolgten Ziels. Damit die Zieleinstellung möglichst bis zur tatsächlichen Zielverwirklichung anhält, müssen wir sie so lange wiederholen, bis sie uns zur inneren Gewissheit geworden ist. Je häufiger und je intensiver die Wiederholung erfolgt, desto größer sind die Erfolgsaussichten.[172]

Die einzelnen Stufen der Zieleinstellung der geistig-seelischen Kräfte lassen sich ausführungsmäßig wie folgt beschreiben:

1. Ziel präzisieren

Zunächst ist das Ziel nach Inhalt und Grund zu präzisieren (Zieleinstellung der mentalen Kräfte): *Was will ich erreichen und warum?* Allgemein wird im Hinblick auf die Wirkung der Zielsetzung auf unser Unterbewusstsein dazu geraten, das Ziel positiv, konkret und in der Gegenwartsform zu formulieren, denn unser Unterbewusstsein könne nur mit positiven, bejahenden und bestimmten, nicht jedoch mit negativen, verneinenden, unbestimmten und erst in der Zukunft liegenden Aussagen etwas anfangen.[173]

Beispiele:

- *Ich bin gesund* statt *ich bin nicht krank* oder *ich werde gesund*.
- *Ich atme frei durch* statt *ich rauche nicht mehr* oder *ich werde frei durchatmen*.
- *Ich setze mich für etwas ein* statt *ich bin gegen etwas*.

Abgeraten wird ferner von Formulierungen, die Konjunktive (wie *sollte, könnte, würde*) oder Worte verwenden, die einen Druck erzeugen (wie *müssen*) oder die Möglichkeit offenlassen, dass das Vorhaben nicht gelingt (*versuchen, vielleicht*).[174]

2. Ziel visualisieren

Das Ziel zu visualisieren heißt, sich bildhaft die Zielerreichung und den immer weiter voranschreitenden Weg dahin vorzustellen (Zieleinstellung der Vorstellungskraft, der visuellen Kräfte). Je detaillierter und bewegter das Bild ist und je mehr Wahrnehmungssinne daran beteiligt sind, desto stärker ist seine Anziehungskraft. So kann sich beispielsweise ein Student zur Selbstmotivation in allen Einzelheiten ausmalen, wie seine Freunde und Bekannten ihn überschwänglich zum bestandenen Examen beglückwünschen. Die große Bedeutung der Visualisierung wird damit begründet, dass unser Unterbewusstsein in Bildern denkt, bei der Betrachtung der aufgenommenen Bilder aber nicht zwischen einer Tatsache und der Vorstellung von der Tatsache unterscheiden kann und sich kritiklos an die Verwirklichung jeder in ihm verankerten Vision macht.[175]

3. Ziel emotionalisieren

Die Qualität der Einstellung zum Ziel hängt wesentlich davon ab, dass die Vision mit vielen positiven Gefühlen verbunden wird.[176] Es gilt, sein Bild von der Erreichung des Ziels und auch den Weg dorthin fest mit dem Gefühl der tiefen Zufriedenheit, Liebe, Freude und Dankbarkeit zu verbinden. Der Student wird bei dem Bild seiner Examensfeier, der Kranke bei der Vorstellung von seiner Gesundung intensive Gefühle der Freude und Dankbarkeit empfinden (Zieleinstellung der Gefühlskraft, der emotionalen Kräfte).

4. Ziel wollen

Zu der gefühlsbetonten Zielvision muss der unbedingte Entschluss kommen, alles zu tun, was für die Zielerreichung nötig ist (Zieleinstellung der Willenskraft, der voluntativen Kräfte).[177]

5. An den Zielerfolg glauben

Erst der unerschütterliche Glaube, dass das angestrebte Ziel erreicht wird (möglichst verbunden mit dem großen Vertrauen, dass das Unterbewusstsein einen dabei unterstützt), verleiht unserem Willen die nötige Durchschlagskraft. Wird der Erfolgsglaube zur inneren Gewissheit, so gibt er uns zugleich die für die Zielausführung erforderliche Ruhe, Sicherheit und Ausdauer (Zieleinstellung der Erwartungs-/Glaubenskraft, der exspektativen Kräfte).

6. Zielerfolg vorwegnehmen

Den letzten Energieschub erhält unsere Einstellung, wenn wir den angestrebten Zielerfolg geistig-seelisch vorwegnehmen (Zieleinstellung der geistig-seelischen Vorwegnahmekraft, der antizipativen Kräfte). Während der Erfolgsglaube sich auf ein künftiges Ereignis, nämlich den noch ausstehenden Erfolg bezieht, wird der Zielerfolg bei dessen geistig-seelischer Vorwegnahme als – zumindest im Keim – bereits eingetreten gedacht und empfunden. Die

Wirkung der Vorwegnahme ist umso intensiver, je mehr geistig-seelische Kräfte an ihr beteiligt sind. Die Antizipation kann sich vor allem im Denken, Vorstellen, Fühlen und Danken manifestieren. Bei der mentalen und emotionalen Antizipation nehmen wir die Zielerreichung geistig und emotional vorweg und bekräftigen dies durch entsprechende positive Affirmationen wie zum Beispiel: *Ich bin – im Keim – (schon) gesund, ich habe die Lösung des Problems bereits in mir, ich muss sie nur noch hervorholen.* Affirmationen sind positive Feststellungen, die stets im Präsens formuliert werden und bei häufiger, auch gesprochener Wiederholung und Verankerung im Unterbewusstsein als Anregung für dieses wertvolle Dienste für die Zielausführung leisten.[178] Bei der visuellen und emotionalen Vorwegnahme sieht und fühlt man das erwünschte Ziel bereits als erreicht und gibt sich den damit verbundenen positiven Gefühlen hin. Schließlich können wir auch im Dank so tun, als ob das Ziel bereits erreicht ist.[179]

IV. Ausführung der Tagesziele

1. Zielausführungsverfahren

Nach der Einstellung auf das einzelne Tagesziel folgt seine tatsächliche Umsetzung. Aufgabe des Zielausführungsverfahrens ist es, den besten Weg zum Ziel zu finden. Um dies zu erreichen, müssen wir planvoll vorgehen. Das erfordert bei komplexen Aufgaben insbesondere die Planung der Ausführungsbedingungen, ein schrittweises Vorgehen, die Beachtung der Ausführungswerte und des Rats, kein Perfektionist zu sein.

Ausführungsbedingungen planen

Der Zielerfolg hängt oft von den Ausführungsbedingungen wie Ort, Zeit, Mittel etc. ab. Dies ist bei der Planung zu berücksichtigen. So sind anspruchsvolle Aufgaben möglichst in solchen Zeiten auszuführen, in denen wir erfahrungsgemäß gut und störungsfrei arbeiten können. Weiter ist auf die Realisierbarkeit der Zeitplanung zu achten, unter anderem darauf, dass genügend Zeit für Pausen und etwaige Unterbrechungen eingeplant wird. Anderenfalls besteht die Gefahr, dass Zeitdruck und damit einhergehender Stress dazu führen, dass die Ziele sehr viel später erreicht werden. Hinsichtlich weiterer Anforderungen eines planvollen Vorgehens wird auf die betreffenden Ausführungen zur Verwendung der Zeit unter *C II 3* des dritten Teils verwiesen.

Schrittweise vorgehen

Die einzelnen Ziele sind in der sachdienlichen Reihenfolge zu verfolgen. Komplexe Ziele sind hierzu zunächst in Unterziele aufzuteilen, die dann sukzessive ausgeführt werden. Dieses schrittweise Vorgehen hat auch den Vorteil, dass wir nicht nur ein großes Ziel, den Enderfolg, sondern eine Mehrzahl kleinerer Ziele und damit auch mehrere Zwischenerfolge anstreben. Auf diesem Weg treten Erfolgserlebnisse schneller und öfter auf und sorgen so für einen zusätzlichen Motivationsschub auf dem Weg zum Enderfolg.[180]

Ausführungswerte beachten

Bei der Zielausführung sollten wir uns an den im dritten Teil unter *D III* genannten Ausführungswerten orientieren. Die Tagesziele sollen also möglichst zielstrebig, konzentriert und selbstbeherrscht, mit Leistungswille, Leistungeinsatz, Fleiß und Mut sowie der gebotenen Gründlichkeit, Ausdauer, Geduld und Gelassenheit ausgeführt werden.

Kein Perfektionismus

Bei allem Streben, das Beste zu geben, sollten wir jedoch nicht perfektionistisch sein. Perfektionismus erzeugt leicht Leistungsdruck und Angst mit den damit verbundenen negativen Folgen. Wir sind Menschen mit all unseren Fehlern und Unzulänglichkeiten, keine Götter. Auch müssen wir mit den Unsicherheiten des Lebens zurechtkommen. Unser Ziel kann deshalb nur eine unseren Möglichkeiten entsprechende gute, aber keine perfekte Lösung sein.[181]

2. Weg- und Zielanpassungsverfahren

Die Zielausführung verläuft nicht immer planmäßig. Vielmehr treten hierbei häufig Hindernisse und Schwierigkeiten auf. Dies kann auf den verschiedensten Gründen beruhen, zum Beispiel auf der Fehlerhaftigkeit der Planung oder der Wechselhaftigkeit der Lebensverhältnisse. Treten Ausführungsprobleme auf, stellt sich zunächst die Frage, ob sie beseitigt werden können und sollen. Wird dies bejaht, muss zunächst das Hindernis beseitigt werden, um dann mit der Zielausführung fortfahren zu können. Wird die Frage verneint, muss der Plan geändert, den neuen Gegebenheiten angepasst werden. Dies kann in der Weise geschehen, dass ein anderer Weg zum Ziel gewählt oder das Ziel selbst modifiziert oder aufgegeben wird. Das anzuwendende Verfahren ist in allen Fällen dasselbe und identisch mit dem Verfahren, das bei der Aufstellung des Gesamtplans verwandt wird. Es besteht aus den folgenden Schritten: Auswahl der Weg- oder Zieländerungsoptionen, Analyse der jeweiligen Option, Bewertung der Analyseergebnisse und Entscheidung, ob und welcher neue Weg gewählt oder ob und wie das Ziel geändert werden soll. Wegen der näheren Einzelheiten hierzu wird auf die Ausführungen zum Zielauswahlverfahren unter *A II* dieses vierten Teils verwiesen.

Nachdem mit dem vierten Teil nunmehr auch das Verfahren der Selbstverwirklichung behandelt wurde, soll im folgenden Schlusswort noch kurz ein gedanklicher Brückenschlag zu dem in der Einleitung genannten Ziel des Buches erfolgen.

Schlusswort

Das Buch will ein Wegweiser für die Selbstverwirklichung und damit auch ein Wegweiser für das Leben sein. Es soll zeigen, wie man seine Lebensziele erkennt und verwirklicht. Es soll dem Leser Orientierung und Sicherheit geben und auf diese Weise auch seinen inneren und äußeren Frieden fördern.

Zu diesem Zweck wurden die Leitziele, Aufgaben, Mittel und Verfahren der Selbstverwirklichung eingehend beschrieben. Die Arbeit kommt zu folgenden Ergebnissen:

- Die Leitziele der Selbstverwirklichung sind der Wert und das Wohl des Menschen.
- Die Aufgaben der Selbstverwirklichung, die sich aus den Leitzielen ergeben, sind der Eigenwert- und Eigenwohlauftrag, der Nächstenwert- und Nächstenwohlauftrag, der Gemeinschaftswert- und Gemeinschaftswohlauftrag und der Umweltwert- und Umweltwohlauftrag. Wir sollen nach alledem bei der Selbstverwirklichung unseren Wert erkennen, achten und entfalten sowie für unser Wohl sorgen. Wir sollen aber auch den Wert des Mitmenschen, der Gemeinschaft und der Umwelt erkennen und achten und deren Wohl in zumutbarer Weise fördern. In Kurzform heißt das für jeden: *Mach das Beste aus dir für dich und andere.*
- Die Mittel, die uns für die Selbstverwirklichung zur Verfügung stehen, sind unsere geistig-seelischen, intuitiven, körperlichen, sozialen und wirtschaftlichen Kräfte, unsere Lebensverhältnisse und Lebenszeit sowie verschiedene Wertmaßstäbe. An Wertmaßstäben wurden behandelt: Grundwerte (Freiheit, Verantwortlichkeit, Wahrhaftigkeit, Frieden, Toleranz, Menschenliebe)

und Ausführungswerte (Zielstrebigkeit, Konzentration, Selbstbeherrschung, Leistungswille und Leistungseinsatz, Gründlichkeit und Fleiß, Mut, Ausdauer, Geduld und Gelassenheit).

• Das Verfahren, das bei der Selbstverwirklichung anzuwenden
ist, besteht in der Aufstellung eines Gesamtplans und der Aufstellung und Ausführung des Tagesplans. Im Gesamtplan werden die Ziele aufgeführt, die man in einem bestimmten Zeitraum im Eigen-, Nächsten-, Gemeinschafts- und Umweltbereich verfolgen will. Der Tagesplan setzt sich aus vier Teilen zusammen: Grundeinstellung, Auswahl der Tagesziele, Einstellung auf die Tagesziele und Ausführung der Tagesziele. Am An-
fang steht die Grundeinstellung. Sie besteht aus der Einstellung auf den Tag, der Einstellung auf eine positive Grundstimmung und der Einstellung auf die Selbstverwirklichung. Wir
sollen uns also zunächst auf den jeweiligen Tag einstellen, uns
durch Anwendung der Grundstimmungswohlfaktoren (Zufriedenheit, Dankbarkeit, Liebe, Freude, Vertrauen und Zuversicht)
in eine positive Grundstimmung versetzen und uns schließlich
die Leitziele, Aufgaben und Mittel der Selbstverwirklichung
bewusst machen. Auf die Grundeinstellung folgt die Auswahl
der Tagesziele und die Einstellung auf die Tagesziele. Bei komplexen Zielen empfiehlt es sich einstellungsmäßig, das Ziel unter Einsatz aller geistig-seelischen Kräfte zu präzisieren, visualisieren, emotionalisieren, es unbedingt zu wollen, an den Zielerfolg zu glauben und ihn geistig und seelisch vorwegzuneh-
men. Nach der Zieleinstellung folgt die Zielausführung unter
Beachtung der vorstehend genannten Ausführungswerte.

Während das Erkennen der Leitziele, Aufgaben und Mittel der
Selbstverwirklichung und die ersten drei Teile des Tagesplans –
Grundeinstellung, Auswahl der Tagesziele und Einstellung auf die

Tagesziele – sich in unserem Inneren abspielen, zeigt sich das Zielausführungsverhalten im Äußeren. Der Schwerpunkt der Selbstverwirklichung liegt also eindeutig bei der Innenarbeit, die der Außenarbeit vorangeht. Es ist wichtig, sich dies immer wieder klarzumachen und dementsprechend vorzugehen. Zunächst müssen wir uns also bewusst machen, welche Leitziele und Aufgaben wir bei der Selbstverwirklichung ausführen wollen, welche Mittel uns hierfür zur Verfügung stehen und wie wir diese am besten anwenden. Erst dann können wir möglichst erfolgreich handeln und unser Leben gemäß unseren Vorstellungen gestalten.

Im Verlauf des Entstehens dieses Wegweisers habe ich mich mehr und mehr bemüht, die Gedanken dieses Buches nicht nur zu verinnerlichen, sondern auch danach zu leben. Ich habe hierbei die Erfahrung gemacht, dass ich bei Anwendung des Wegweisers ziel-, mittel- und verfahrensbewusster und damit konzentrierter und wesentlicher lebe, was auch zu mehr Orientierung und Sicherheit führt. Dies zeigt sich sowohl bei der Zielsetzung im Innen- und Außenverhältnis als auch bei der Zielausführung.

Im Verhältnis zu sich selbst wird die Aufgabe, seinen Wert als Mensch, Individuum, geistiges und soziales Wesen zu entfalten und selbst für sein Wohl zu sorgen, zum Leitmotiv des Denkens und Handelns. Dies führt dazu, nach mehr Individualität und Spiritualität (von den äußeren Werten zu den inneren Werten, vom Wissen zum Wert und Sinn) zu streben und die volle Verantwortung für die Entfaltung seines Werts und die Sorge für sein Wohl zu übernehmen, und zwar nicht nur für sein körperliches und materielles Wohl, sondern auch für sein psychisches, arbeitsmäßiges, geistiges und soziales Wohl.

Auch im Verhältnis zum Mitmenschen, zur Gemeinschaft und zur Umwelt zeigen sich bei Anwendung dieses Wegweisers bedeutsame Veränderungen: Das Verhältnis zu ihnen wird intensiver und beziehungsvoller. Dies gilt insbesondere für das Verhältnis zum Mitmenschen. Indem man sich bemüht, den Wert des anderen zu erkennen, zu schätzen und dies auch äußerlich durch ein von Toleranz und Menschenliebe geprägtes Verhalten zu zeigen, weitet man seinen Erfahrungshorizont aus und werden die Beziehungen zum anderen reicher, menschlicher und wertvoller.

Auch bei der Zielausführung führt die Besinnung auf die beschriebenen Mittel der Selbstverwirklichung und ihre Anwendung zu besseren Ergebnissen. Besonders wertvoll erweist sich hier die Besinnung auf die Macht der geistig-seelischen und intuitiven Kräfte sowie deren konzentrierte Anwendung auf das jeweils verfolgte Ziel.

Ich hoffe, dass der Wegweiser auch Ihnen bei der Selbstverwirklichung helfen kann. Dies schließt selbstverständlich nicht aus, dass Sie ihn Ihren individuellen Bedürfnissen, Vorstellungen und Lebensumständen anpassen und entsprechend modifizieren. Dass die tägliche Anwendung dieses Wegweisers keine leichte Arbeit ist und immer wieder von Neuem eingeübt werden muss, bis sich eine gewisse Gewohnheit einstellt, leuchtet ein; geht es doch darum, im bisherigen Leben durch Erziehung, Ausbildung und Erfahrung geprägte und langjährig praktizierte Denk- und Verhaltensweisen zu ändern. Doch genauso einsichtig dürfte es sein, dass die Mühe sich lohnt. In dieser Überzeugung wünsche ich Ihnen viel Erfolg bei der Arbeit an Ihrer Selbstverwirklichung.

Tabellen

Die nachfolgenden Tabellen geben wesentliche Teile des Hauptteils in aller Kürze wieder. Sie sollen dabei helfen, sich schnell die wichtigsten Aspekte des Selbstverwirklichungsauftrags vor Augen zu führen.

Im Einzelnen handelt es sich um folgende Tabellen:

Tabelle 1: Leitziele, Aufgaben, Mittel und Verfahren der Selbstverwirklichung
Tabelle 2: Aufgaben der Selbstverwirklichung im Eigenbereich
Tabelle 3: Aufgaben der Selbstverwirklichung im Nächsten-, Gemeinschafts- und Umweltbereich
Tabelle 4: Mittel der Selbstverwirklichung
Tabelle 5: Verfahren der Selbstverwirklichung

Leitziele	Menschenwert und Menschenwohl							
Tabelle 1								
Leitziele, Aufgaben, Mittel und Verfahren der Selbstverwirklichung								
Aufgaben	Eigenwertauftrag	Eigenwohlauftrag	Nächstenwertauftrag	Nächstenwohlauftrag	Gemeinschaftswertauftrag	Gemeinschaftswohlauftrag	Umweltwertauftrag	Umweltwohlauftrag
Mittel								
• Kräfte								
• Lebensverhältnisse								
• Lebenszeit								
• Wertmaßstäbe								
Verfahren								
• Gesamtplan								
• Tagesplan								

Tabelle 2	
Aufgaben der Selbstverwirklichung im Eigenbereich	
Eigenwertauftrag	**Eigenwohlauftrag**

Eigenwert
• Humanwert: Wert als Mensch
  (Menschenwürde,
  Menschenrechte,
  Menschenpflichten)
 	
• Individualwert: Wert als Individuum
  (Einmaligkeit, individuelles
  Potenzial)
 	
• Spiritualwert: Wert als geistiges
  Wesen
  (Ziele im Wissens-, Kultur-, Wert-
  und Sinnbereich, geistiges
  Potenzial)
 	
• Sozialwert: Wert als soziales Wesen
  (Altruistische Ziele, soziales
  Potenzial)
 	
Erkennen
 	
Achten
 	
Entfalten
	Für sein Grundstimmungswohl sorgen
	• Grundstimmungswohlfaktoren
	  anwenden
	• Negative Einstellungen und
	  Verhaltensweisen vermeiden
	  und beseitigen
	
	Für sein körperliches Wohl sorgen
	• Positive Einstellung und
	  Verhalten gegenüber Körper,
	  Krankheit, Alter
	
	Für sein Arbeitswohl sorgen
	• Möglichst eine Arbeit ausführen,
	  die seinen Fähigkeiten und
	  Interessen entspricht und Freude
	  macht
	• Sich positiv auf seine Arbeit
	  einstellen
	
	Für sein materielles Wohl sorgen
	• Für einen Grundbestand an
	  materiellen Gütern sorgen
	
	Für sein geistiges Wohl sorgen
	• Seine Wissens-, Kultur-, Wert-
	  und Sinnziele verfolgen
	
	Für sein soziales Wohl sorgen
	• Seine sozialen Ziele verfolgen

Tabelle 3

Aufgaben der Selbstverwirklichung im Nächsten-, Gemeinschafts- und Umweltbereich

Nächstenwertauftrag	Nächstenwohlauftrag	Gemeinschaftswertauftrag	Gemeinschaftswohlauftrag	Umweltwertauftrag	Umweltwohlauftrag
Nächsten-wert	Nächsten-wohl	Gemein-schaftswert	Gemein-schaftswohl	Umwelt-wert	Umwelt-wohl
Erkennen	Fördern in zumutba-rer Weise	Erkennen	Fördern in zumutba-rer Weise	Erkennen	Fördern in zumutba-rer Weise
Achten		Achten		Achten	

218

Kräfte	Lebens- verhältnisse	Lebens- zeit	Wertmaßstäbe
Tabelle 4			
Mittel der Selbstverwirklichung			
Geistig- seelische Kräfte • Denken • Fühlen • Vorstellen • Wollen • Erwarten • Macht der geistig- seelischen Kräfte	Das Leben annehmen und das Beste daraus machen	Was ist zu tun?	Grundwerte • Freiheit • Verantwortlichkeit • Wahrhaftigkeit • Frieden • Toleranz • Menschenliebe
	Die Probleme des Lebens lösen • Problem präzisieren • Auf die Problemlösung einstellen • Ursachen des Problems ermitteln • Ursachen des Problems beseitigen	Was soll ich selbst tun?	
Intuitive Kräfte		Wie soll ich es tun?	Ausführungswerte • Zielstrebigkeit • Konzentration • Selbstbeherrschung • Leistungswille und Leistungseinsatz
Körperliche Kräfte		Wann soll ich es tun?	• Gründlichkeit und Fleiß • Mut • Geduld und Ausdauer • Gelassenheit
Soziale Kräfte	Die Freuden des Lebens genießen	Wie lange soll ich es tun?	
Wirtschaftliche Kräfte			

Tabelle 5	
Verfahren der Selbstverwirklichung	
Aufstellung des Gesamtplans	**Aufstellung und Ausführung des Tagesplans**
Zum Inhalt des Gesamtplans • Ziele im Eigenbereich • Ziele im Nächstenbereich • Ziele im Gemeinschaftsbereich • Ziele im Umweltbereich	Grundeinstellung • Einstellung auf den Tag • Einstellung auf eine positive Grundstimmung • Einstellung auf die Selbstverwirklichung
Zielauswahlverfahren • Auswahl der Zieloptionen • Analyse der Zieloptionen • Bewertung der Analyseergebnisse • Entscheidung	Auswahl der Tagesziele Einstellung auf die Tagesziele • Ziel präzisieren • Ziel visualisieren • Ziel emotionalisieren • Ziel wollen • An den Zielerfolg glauben • Zielerfolg vorwegnehmen
Überprüfung und Anpassung des Gesamtplans	Ausführung der Tagesziele • Zielausführungsverfahren • Weg- und Zielanpassungsverfahren

Anmerkungen

[1] Hoffmeister, Stichwort *human*

[2] Höffe, Stichworte *Menschenwürde* und *Humanität*

[3] Höffe, Stichworte *Menschenwürde* und *Humanität*; Hoffmeister, Stichwort *human* hält es für eine »ethische Aufgabe, das »Allgemein Menschliche« in j e d e m Menschen (...) anzuerkennen bzw. zu wecken.«

[4] Altes Testament, der Psalter, Psalm 8, 6-9

[5] Dalai Lama, Das Buch der Menschlichkeit, 13f

[6] Höffe, Stichwort *Selbstinteresse*: zur sittlichen Pflicht,für sein Wohl zu sorgen

[7] Höffe, Stichwort *Wohlwollen*; Huber, 151: »Im Maß des Möglichen ist jeder dazu verpflichtet, nicht nur für sich selbst, sondern auch für andere Verantwortung zu übernehmen.« Knoepffler, 101f folgert aus der Menschenwürde für den Einzelnen und die Institutionen u.a. »die ethische Verpflichtung im Rahmen ihrer Möglichkeiten, an einer gerechten Welt weltweit mitzuwirken.«

[8] Matthäus 22,39; Lukas 10,27

[9] Schopenhauer, 270, 267, 253 formuliert den Kern seiner Ethik wie folgt: »Neminem laede (Schade niemandem)« und »omnes, quantum potes, juva (Hilf allen, soviel du kannst).«

[10] Über die unterschiedlichen Definitionen der Selbstverwirklichung seitens der Vertreter der Humanistischen Psychologie, einem Zweig der Psychologie, der die Bedeutung der Selbstverwirklichung betont, und von Autoren, die dieser Richtung nahestehen, informiert die Arbeit von Počivavšek. Zum Teil wird unter Selbstverwirklichung die Realisie-

rung des menschlichen Potenzials oder nur die Realisierung des besten Potenzials eines Individuums oder die Weiterentwicklung bzw. die Entfaltung des Menschen als sittliche Person verstanden; vgl. Počivavšek, 33-39 und 117ff. Bekannt ist die fünfstufige Pyramide von Maslow, einem Hauptvertreter der Humanistischen Psychologie. Seine Hierarchie der Bedürfnisse beginnt mit physiologischen Bedürfnissen (Nahrung, Kleidung, Wohnen, Sexualität und Schlaf) und steigt dann aufwärts über die Sicherheitsbedürfnisse, ihnen folgend die Sozialbedürfnisse und Wertschätzungsbedürfnisse bis zum Bedürfnis nach Selbstverwirklichung (Bedürfnis nach Ganzheit, Vollkommenheit, Entwicklung der eigenen Persönlichkeit). Hier hat der Begriff der Selbstverwirklichung also einen sehr speziellen Inhalt.

[11] Dalai Lama, Rückkehr zur Menschlichkeit, 14; an einer anderen Stelle nennt er diese Ethik eine »Ethik jenseits aller Religionen« und führt aus, dass »zum Überleben der Menschheit das Bewusstsein des Gemeinsamen wichtiger ist als das ständige Hervorheben des Trennenden.« (Dalai Lama, Der Appell, 9, 7); Küng, 78 fordert eine Globalisierung des Ethos.

[12] Dalai Lama in Barry, 118

[13] Grosser, 503 verwendet die Bezeichnung »Moral der gleichen Würde aller Menschen«.

[14] Huber, 211, 60

[15] Droit, 78f weist darauf hin, dass die Grundprinzipien, die sich in den Menschenrechten offenbaren, wie z.B. die Würde des Menschen, die Freiheitsrechte, die Toleranz, sich in allen Religionen und Philosophien finden und somit keine Besonderheit des westlichen Kulturkreises sind; ähnlich Winkler, 606. Nach Winkler ist Kernpunkt der westlichen

Werteordnung, zu denen er die europäischen Staaten, USA, Kanada Australien, Neuseeland und Israel zählt, das Ensemble der Werte, die das normative Projekt des Westens ausmachen: die unveräußerlichen Menschenrechte, die Herrschaft des Rechts, die Gewaltenteilung, die Volkssouveränität und die repräsentative Demokratie. (Winkler, 606f, 611)

[16] Frankl, 269

[17] Zum Menschenbild des Deutschen Grundgesetzes vgl. Hufen, 12, 138f, 598.

Zum Menschenbild des westlichen Kulturkreises: Droit, 76f, 80f; dtv-Lexikon unter *Humanismus*; Di Fabio, 69, 270, 277; Costa, 74; Béze-mek, 211f; Prisching, 66f; besonders aufschlussreich für das Menschenbild *»des Westens«* sind die Texte der *»Allgemeine(n) Erklärung der Menschenrechte«* der Vereinten Nationen, der Europäischen Konvention zum Schutz der Menschenrechte und Grundfreiheiten und der Charta der Grundrechte der Europäischen Union. Für die Bevorzugung eines Menschenbilds, das vorrangig auf die Selbstbestimmung des Einzelnen abstellt, spricht u.a.: Jeder Mensch hat andere Wünsche, Fähigkeiten und Möglichkeiten für die Gestaltung seines Lebens. Selbstbestimmung motiviert, stärkt Einzigartigkeit, Kreativität und Leistung, fördert individuelle Eigenverantwortung, Zufriedenheit und den sozialen Frieden, führt zur Vielfalt von Lebensformen und zur Weiterentwicklung der Gesellschaft. Die Betonung von individueller Freiheit und dem Recht auf Selbstverwirklichung schützt den Einzelnen stärker dagegen, dass die Gemeinschaft ihm Lebensformen aufzwingt, ihn bevormundet, die Freiheit zugunsten von Sicherheit und Einheit beschränkt oder ihn als bloßes Mittel missbraucht. Man denke nur an die Gräueltaten des Nationalsozialismus. Auch im Bereich der Wirtschaftssysteme hat die Geschichte gezeigt, dass die (soziale) Marktwirtschaft zu weitaus besseren Ergebnissen führt als die sozialistische Planwirtschaft. Zu dem gemeinschaftsbezogenen Menschenbild afrikanischer Völker: Ozankom, 165; Sonderegger, 252.

[18] Z.B. der Würdebegriff in Art. 1 der »*Allgemeine(n) Erklärung der Menschenrechte*« vom 10.12.1948 oder in Art. 1 des Deutschen Grundgesetzes

[19] Zichy, 90-94; Wetz, 131

[20] BVerfGE 45, 187 (227)

[21] BVerfG, 1 BvR 357/05 vom 15.2.2006, Absatz Nrn. 119 und 121;die Entscheidung befindet sich in der amtlichen Entscheidungssammlung des Bundesverfassungsgerichts als BVerfGE 115, 118ff. Historisch grundlegend für die Auffassung vom Selbst(bestimmungs)zweck des Menschen ist die Philosophie der Aufklärung, insbesondere die Autonomielehre von Kant und dessen zweiter kategorischer Imperativ; vgl. Hufen, §10, Rn.2,6; Höffe unter *Pflicht*; der zweite kategorische Imperativ von Kant lautet:»Handle so, daß du die Menschheit, sowohl in deiner Person, als in der Person eines jeden anderen, jederzeit zugleich als Zweck, niemals bloß als Mittel brauchest.« Kant, GMS,62 (= Akademieausgabe, 429)

[22] Gessmann, Sichwort *Menschenrechte*

[23] Im Deutschen Grundgesetz Art. 19 Abs 4, Art. 101 und Art. 103 GG

[24] BVerfGE 40, 121 (133); 82, 60 (85)

[25] Nach Küng, 88 gründen in der Würde des Menschen nicht nur Menschenrechte, sondern auch Menschenpflichten. Höffe stellt unter

Menschenwürde den Verpflichtungscharakter der Menschenwürde – ihre »Anerkennung (...) steht niemandem frei, sondern ist geschuldet« – und unter *Grundrechte* den Verpflichtungscharakter der Grundrechte, Menschenrechte fest; nach Gessmann unter *Menschenrechte*: sind Menschenrechte Menschenpflichten, Menschenrechte der anderen nicht zu verletzen; vgl. hierzu auch die Ausführungen zur ethischen Seite der Leitziele unter *B II* des ersten Teils; ferner Wetz, 131, Knoepffler, 101f.

[26] Kant, MS 268 spricht von der Pflicht des Menschen, »sich um die Menschheit durch Kultur überhaupt verdient zu machen (...) d.i. eine Pflicht zur Kultur der rohen Anlagen seiner Natur, als wodurch das Tier sich allererst zum Menschen erhebt (...).«

[27] Der Dalai Lama, Der Appell, 10 sieht das »gemeinsame ethische Fundament« der Menschen in »der uns angeborenen menschlichen Natur, unserer natürlichen Veranlagung zu Güte, Mitgefühl und Fürsorge für andere« begründet.

[28] Vgl. hierzu auch die Ausführungen zu den Voraussetzungen von Wertmaßstäben unter *D I* des dritten Teils.

[29] Teilweise werden die beiden Begriffe gleichbedeutend verwandt. Ihr gemeinsamer Gegenstand sind dann die in der Gesellschaft verbindlichen sittlichen Werte und Regeln, die für alle Menschen der Gemeinschaft oder einer bestimmten sozialen Gruppe gelten, und die Reflexion über diese Werte und Regeln, insbesondere deren Überprüfung und gegebenenfalls Neubegründung. Teilweise werden die Begriffe Moral und Ethik aber auch verschieden gebraucht. Gegenstand der Moral sind dann nur die in der gesellschaftlichen Praxis verbindlichen sittlichen Werte und Regeln, während die Ethik, zum Teil auch Moral-

philosophie genannt, allein die Reflexion über den Gegenstand der Moral betrifft. Hierzu Huber, 17f; Erlinger, Moral, 77; Gessmann zu diesen Begriffen;Panza und Potthast, 28. Höffe, Stichwort *Ethik*, unterscheidet stattdessen empirische und normative Ethik, wobei die empirische Ethik die Moral einer Gruppe oder Kultur beschreibt und ihre Herkunft und Funktion erklärt, während die normative Ethik die Moral kritisch beurteilt.

[30] Huber, 18, 111f bezeichnet dies als die Frage nach dem »*Richtigen*«

[31] Huber,18, 111f bezeichnet dies als die Frage nach dem »*Guten*«.

[32] Fankl, 46

[33] Frankl, 269

[34] Frankl, 47-49, 92, 158

[35] Frankl, 184

[36] Frankl, 105

[37] Fankl, 48

[38] Frankl, 159

[39] Küng, 119

[40] Küng, 119

[41] Millman, Die universellen Lebensgesetze, 65

[42] Zu den ersten drei Fragen: Lakhiani, 224, 261-264, 266-268; zur vierten Frage: Lakhiani, 31, 127f, 159f, 170, 357f

[43] Ausführungen zu den Menschenpflichten befinden sich auch im ersten Teil unter *B II* und im zweiten Teil unter *A I 1a*.

[44] Der Dalai Lama, Das Buch der Menschlichkeit, 13f stellt fest: »Je mehr ich von der Welt sehe, um so deutlicher wird mir, dass wir uns alle nach Glück sehnen und Leid vermeiden wollen (...). Es entspricht unserer Natur. Und darum braucht es keine Rechtfertigung (...).«

[45] Millman, Die Goldenen Regeln, 327

[46] Dalai Lama, Das Buch der Menschlichkeit, 65, 111 bezeichnet den inneren Frieden als Hauptmerkmal echten Glücks; ähnlich Spezzano, 193, 197.

[47] Kast, 53

[48] Lazarus, 53; ebenso Spezzano, 178: »Es gibt nichts, was dich verletzen könnte, solange du ihm nicht die Macht dazu gibst« und auf Seite 69 führt er aus, dass unsere Emotionen unsere eigenen Entscheidungen sind, wie wir auf etwas reagieren wollen, und dass wir jedes Mal eine neue Entscheidung treffen können.

[49] Dalai Lama, Das Buch der Menschlichkeit, 111

[50] Millman, Die Goldenen Regeln, 342

[51] Byrne, The Secret, Das Geheimnis, 201 zitiert Henry Ford (ohne Quellenangabe): »Ob Sie denken, dass Sie können, oder ob Sie denken, dass Sie nicht können – es ist beides richtig.«

[52] Dalai Lama, Rückkehr zur Menschlichkeit, 174

[53] Lakhiani, 203-210, 291-294

[54] Lakhiani, 237, 241-243, 341

[55] Millman, Die universellen Lebensgesetze, 110 : »(...) darauf vertrauen, dass sich trotz unserer Probleme alles im Universum so entwickelt,

wie es sein muss. Dieses Nachgeben ist ein Akt der Demut. Wir akzeptieren damit das Leben als ein Geheimnis, dessen Tiefen unser Geist nicht ergründen kann.«

[56] Seel, 189f

[57] Küng, 159, 288 führt dies als ein Argument für Gottvertrauen an, weist aber auf Seite 36 auch darauf hin, dass Lebensvertrauen kein Gottvertrauen voraussetzt.

[58] Müller-Kainz und Sönning, 136

[59] Dalai Lama, Rückkehr zur Menschlichkeit, 159

[60] Dalai Lama in Barry, 34 : »Es ist unser Geist, der unsere Welt erschafft. (...) Die Welt, die wir erschaffen und erleben, hängt also in erster Linie von unseren vorherrschenden Emotionen und unseren Einstellungen ab.«

[61] Millman, Die Goldenen Regeln, 341

[62] Zu Vorstehendem Carnegie, 24, 57, 128

[63] Carnegie, 91, 98

[64] Carnegie, 33f

[65] Carnegie, 146

[66] Zu Nachstehendem Carnegie, 28, 82, 196

[67] Dispenza, 169, 235; Dispenza behandelt eingehend die Umprogrammierung negativer Geisteshaltungen/Verhaltensweisen in positive Geisteshaltungen/Verhaltensweisen; beispielhafte Stellen für die Aufhebung bisheriger Einstellungen: 108f, 132f, 212f, 224f und für die Begründung neuer Einstellungen: 108f, 132f, 174

[68] Chopra, Heilung, 441

[69] Chopra, Heilung, 21, 26

[70] Hierzu Chopra, Heilung, u.a. 10f, 19f; Dispenza 85, 87, 89ff, 153

[71] Chopra, Heilung, 438ff

[72] Chopra, Heilung, 442f

[73] Chopra, Heilung, 151ff

[74] Harrold, 235

[75] Harrold, 236; Chopra, Heilung, 157ff, 170f

[76] In der WeltethosErklärung heißt es unter C III, 2E (Seite 10) : »Statt einer unstillbaren Gier nach Geld, Prestige und Konsum ist wieder neu der Sinn für Maß und Bescheidenheit zu finden.« Der Text der Weltethos-Erklärung findet sich im Internet unter www.weltethos.org; vgl hierzu auch Küng, 83-92

[77] Erlinger, Moral, 284

[78] Kritisch zum *Entweder-oder-Standpunkt* gegenüber dem *Sowohl-als-auch- Standpunkt* Kaufmann,300f; Fischer,70, 72

[79] Näheres hierzu befindet sich im ersten Teil unter *B II* und im zweiten Teil unter *A I 1a.*

[80] Vgl. hierzu die Ausführungen zur Toleranz unter *D II 5* des dritten Teils.

[81] Millman, Die Goldenen Regeln, 313

[82] Dalai Lama in Barry, 142

[83] Dalai Lama, Das Buch der Menschlichkeit, 254

[84] Dalai Lama, Das Buch der Menschlichkeit, 251

[85] Vgl. hierzu die Ausführungen zur ethischen Seite der Leitziele unter *B II* des ersten Teils.

[86] Hierzu wird auch auf die Ausführungen im ersten Teil unter *B II* zur ethischen Seite der Leitziele verwiesen

[87] Di Fabio, 269

[88] Höffe, unter *Bürgertugenden*, bezeichnet dies als »Bürgertugend« und sieht in dem Gemeinsinn das relative Maximum der Bürgertugenden

[89] Zitiert nach Byrne, The Power, 144 (ohne Quellenangabe)

[90] Jonas, 36

[91] Millman, Die universellen Lebensgesetze, 117

[92] Millman, Die Goldenen Regeln, 353

[93] Kübler-Ross, 9

[94] Dalai Lama, Rückkehr zur Menschlichkeit, 220

[95] Chopra, Die sieben geistigen Gesetze des Erfolgs, 139

[96] Williams, 58

[97] Albert Schweitzer, ohne Quellenangabe zitiert in: Worte, die bleiben – Eine Sammlung von Zitaten – Sinn, Seite 24 (Herausgeber: Landeskrebsgesellschaften der Deutschen Krebsgesellschaft, 2013)

[98] Ähnlich Erlinger, Moral, 198

[99] Die Unterscheidung von Verstandes- und Vernunftdenken erfolgt in Anlehnung an Maihofer, 137, Anm. 201, allerdings mit dem Unterschied, dass nach Maihofers Terminologie »der Verstand des Menschen

die Dinge der Welt ausschließlich von einseitigen Gesichtspunkten des Vorteils und Nachteils aus erfasst, aus deren Berechnung er sich nach Regeln der Klugheit und Nützlichkeit in seinem Verhalten richtet.«

[100] Byrne, The Power, 30

[101] Byrne, The Secret, 46

[102] Taylor, 184f

[103] Millman, Die universellen Lebensgesetze, 76; vgl. hierzu die Ausführungen unter *B III 2* des vierten Teils.

[104] Dispenza, 63 (»Wir bekommen zurück, was wir aussenden«), 363

[105] Taylor, 327

[106] Chopra, Die sieben geistigen Gesetze des Erfolgs, 76

[107] Dispenza, 54

[108] Dies ist die Kernaussage des *Gesetzes der Anziehung*; hierzu Byrne, The Secret, 18; Haanel, 149

[109] Dispenza, 58f, 191f

[110] Taylor, 306

[111] Haanel, 244

[112] Byrne, The Secret, 53; Harrold, 37, 78f; Dalai Lama in Barry, 112 f

[113] Schischkoff zum Stichwort: *Intuition;* Duden, *Intuition* = Eingebung, unmittelbare Erkenntnis (ohne Reflexion); Wahrig, *Intuition* = Eingebung, unmittelbare Anschauung ohne wissenschaftliche Erkenntnis

[114] Chopra, Die sieben geistigen Gesetze des Erfolgs, 58; Haanel, 25; Müller-Kainz und Sönning, 31f;

[115] Byrne, The Secret, 194: u.a. Universum, höchster Geist, Gott; Millman, Die universellen Gesetze, 32: u.a. Weisheit des Unterbewusstseins, innere Stimme; Gigerenzer, 27, 58: die Intelligenz des Unbewussten; Kast, 26, 70: das Unbewusste; Taylor, 175, 267: Universum, höheres Selbst, Seele; Müller-Kainz und Sönning, 205, 254, 291: Seele, höhere Selbst, Gott, Universum, innerer Helfer, universelle Gesetze; Haanel, 26: universeller Geist

[116] Zu den Schwächen des Verstands: Geringe Kapazität: Kast, 74, 77; ebenso Gigerenzer, 40; Abhängigkeit von der Sprache: Kast, 77, 181; 168, 173

[117] Millman, Die Goldenen Regeln, 219; Kast, 26(Kreativität), 94(Kapazität)

[118] Kast, 70 (nicht nachvollziehbar), 90 (nicht sehr präzise), 94 (unkritisch)

[119] Kast, 82, 87

[120] Kast, 27, 82, 87

[121] Gigerenzer, 162

[122] Kast, 84, 126 f

[123] Barnaby, 172; Müller-Kainz und Sönning, 36, 205

[124] Gigerenzer, 242

[125] Kast, 26

[126] Kast, 23

[127] Haanel, 244 : »Das wahre Geheimnis der Macht ist das Bewusstsein der Macht.«

[128] Fundstellen bei Anmerkung 115

[129] Müller-Kainz und Sönning, 214, 256; Millman, Die Goldenen Regeln, 325; Taylor, 289; Byrne, The Secret, 191f; ähnlich Dispenza, 62

[130] Müller-Kainz und Sönning, 291; Byrne, The Secret, 203f

[131] Müller-Kainz und Sönning, 261, 300; Byrne, The Secret, 114

[132] Chopra, Heilung, 388

[133] Millman, Die universellen Lebensgesetze, 110

[134] Dalai Lama in Barry, 96

[135] Oesch, Am Steuer Deines Lebens, 170

[136] Millman, Die universellen Lebensgesetze, 78

[137] Lazarus, 35f

[138] Taylor, 322

[139] Taylor, 324

[140] Zur Freude als Grundstimmungswohlfaktor vgl. unter *A II 2a* des zweiten Teils

[141] Gaedemann, 224; Bilgri, 180f; Chresta, 113f

[142] Gaedemann, 23, 63f

[143] Gaedemann, 223, 231

[144] Gaedemann, 19; Oesch, Die Kunst, Zeit zu haben, 27, 31

[145] Gaedemann, 97f

[146] Gaedemann, 37, 40-42

[147] Oesch, Die Kunst, Zeit zu haben, 31; Gaedemann, 103 zitiert (ohne Angabe der Fundstelle) Dr. Siegert: »Ein Problem lösen heißt, sich vom Problem lösen.«

[148] Oesch, Die Kunst, Zeit zu haben, 79

[149] Oesch, Die Kunst, Zeit zu haben, 41; Gaedemann, 234f

[150] Dalai Lama in Barry, 108; Millman, Die universellen Lebensgesetze, 51; Oesch, Am Steuer Deines Lebens, 134; Taylor, 216

[151] Taylor, 213

[152] Oesch, Die Kunst, Zeit zu haben, 24, 79, 85

[153] Dalai Lama in Barry, 119

[154] Hierzu Harrold 37, 47, 49 und die Ausführungen zur Macht der geistig- seelischen Kräfte unter *A I 6* des dritten Teils.

[155] Huber, 15 spricht von »verantworteter Freiheit« und sieht hierin den Ausgangspunkt der Ethik. Bei Oesch, Am Steuer Deines Lebens, 77 heißt es: »Wahre Freiheit ist (...) Selbstbeherrschung aus freier Bindung.« Zum Zusammenhang zwischen dem Humanwert des Menschen und seiner Verantwortlichkeit bzw. dem Verhältnis zwischen Menschenrechten und Menschenpflichten vgl. die Ausführungen unter *A I 1 a* des zweiten Teils.

[156] Huber, 135

[157] Di Fabio, 271

[158] Hoffmeister, Stichwort: *Wahrhaftigkeit*; Schischkoff, Stichwort: *Wahrhaftigkeit*; Erlinger, Moral, 37

[159] Dalai Lama, Der Appell, 40

[160] Kaufmann, 336f, 340f

[161] Kaufmann, 341

[162] Popper, 489; Comte-Sponville, 202f; Erlinger, Moral, 69f

[163] Kaufmann, 341, 334f; ähnlich Erlinger, Moral, 69

[164] Graumann, vormals Präsident des Zentralrats der Juden: »Hier und heute müssen wir uns einsetzen für eine Gesellschaft, die offen ist und tolerant, in der Menschen mit verschiedenen Kulturen und Religionen ihren Platz finden – niemals in einem kalten Gegeneinander, auch nicht in einem gleichgültigen Nebeneinander, sondern in einem würdevollen und respektvollen Miteinander.«

[165] Dalai Lama, Das Buch der Menschlichkeit, 17; in die gleiche Richtung geht seine Forderung, ein guter Mensch zu sein. (Dalai Lama, a.a.O., 28)

[166] Kaufmann, 342, 344

[167] Dalai Lama, Rückkehr zur Menschlichkeit, 213

[168] Comte- Sponville, 80

[169] Seel, 203

[170] Das Zitat findet sich bei Harrold, 297, ohne Angabe der Fundstelle.

[171] Höffe, Sichwort *Gelassenheit*

[172] Dispenza, 337-339 weist auf die Bedeutung der Wiederholung hin.

[173] Byrne, The Secret, 29; Müller-Kainz und Sönning, 287f; Fischer, 123

[174] Fischer, 123

[175] Millman, Die universellen Lebensgesetze, 76; Taylor, 184f; Barnaby, 113, 138; Fischer 122; vgl. hierzu auch die Ausführungen im dritten Teil unter *A I 3* zur Vorstellungskraft.

[176] Byrne, The Secret, 52, 102; Dispenza , 56, 70

[177] Taylor, 237

[178] Zur Affirmation Harrold, 79; Taylor, 199f

[179] Zur Vorwegnahme: Byrne, The Secret, 69f, 100, 106, 113f; Taylor, 258; Barnaby, 151; Dispenza, 58f, 82f, 344

[180] Millman, Die universellen Lebensgesetze, 42

[181] Lazarus, 6of; Harrold, 248f

Literaturverzeichnis

Barnaby, Brenda, Das Geheimnis hinter »The Secret«, Silberschnur Verlag, Güllesheim, 2008

Bézemek, Christoph, Freiheit als europäischer Begriff in rechtswissenschaftlicher Perspektive, in: Sedmak, Clemens (Hrsg.), Freiheit, Vom Wert der Autonomie, Wissenschaftliche Buchgesellschaft, Darmstadt, 2012

Bilgri, Anselm, Entrümple deinen Geist, Wie man zum Wesentlichen vordringt, Knaur Verlag, München, 2007

Byrne, Rhonda,
- The Secret, Das Geheimnis, 8.Aufl., Wilhelm Goldmann Verlag, München, 2007 (zitiert: The Secret)
- Secret the Power, MensSana bei Knaur, München, 2010 (zitiert: The Power)

Carnegie, Dale, Sorge dich nicht – lebe, 55. Aufl., Scherz Verlag, Bern, München, Wien, 1991

Chopra, Deepak,
- Die sieben geistigen Gesetze des Erfolgs, 3. Auflage, Ullstein Verlag, Berlin, 2006
- Heilung, Körper und Seele in neuer Ganzheit erfahren, Wilhelm Goldmann Verlag, München, 2012 (zitiert: Heilung)

Chresta, Gion, Die 7 Lebens-Fragen, Anleitung zur Führung des Unternehmens »Ich«, Verlag Via Nova, Petersberg, 2005

Comte-Sponville, André, Ermutigung zum *unzeitgemäßen* Leben, Ein kleines Brevier der Tugenden und Werte, Rowohlt Taschenbuch Verlag, Reinbek bei Hamburg, 2010

Costa, Ursula, Freiheit und Handlung – Handlungsfreiheit, Eine handlungswissenschaftliche Betrachtung, in: Sedmak, Clemens (Hrsg.), Freiheit, Vom Wert der Autonomie, Wissenschaftliche Buchgesellschaft, Darmstadt, 2012

Dalai Lama,
- Das Buch der Menschlichkeit, Eine neue Ethik für unsere Zeit, Bastei Lübbe Taschenbücher, Bergisch Gladbach, 2002
- Rückkehr zur Menschlichkeit, Neue Werte in einer globalisierten Welt, Bastei Lübbe, Köln, 2011
- Dalai Lama & seine tibetischen Meister, Ratschläge für ein erfülltes Leben, herausgegeben von Catherine Barry, Goldmann Arkana, München, 2011 (zitiert: Dalai Lama in Barry)
- Der Appell des Dalai Lama an die Welt, Ethik ist wichtiger als Religion, Benevento Publishing, Wals bei Salzburg, 2015

Di Fabio, Udo, Die Kultur der Freiheit, Verlag C.H. Beck, München, 2005

Dispenza, Joe, Ein neues Ich, Wie Sie Ihre gewohnte Persönlichkeit in vier Wochen wandeln können, 4. Aufl., Koha- Verlag, Burgrain, 2014

Droit, Roger-Pol, Das Abendland, Wie wir uns und die Welt sehen, Wissenschaftliche Buchgesellschaft, Darmstadt, 2010

Dtv-Lexikon in 24 Bänden, Deutscher Taschenbuch Verlag, München, 2006

Duden, Die deutsche Rechtschreibung, 25. Aufl., Dudenverlag, Mannheim, Zürich, 2010

Erlinger, Rainer, Moral, Wie man richtig gut lebt, Fischer Taschenbuch Verlag, Frankfurt a.M., 2012

Fischer, Holger, Sie sind Ihr bester Coach, 5. Aufl., mvg Verlag, München, 2012

Frankl, Viktor E., Der Mensch vor der Frage nach dem Sinn, Eine Auswahl aus dem Gesamtwerk, 26. Aufl., Piper Verlag, München, Zürich, 2014;

Gaedemann, Claus, Ich habe immer Zeit, Zeitökologie, Zeit nutzen – Zeit sparen – Zeit haben, 4. Aufl., Ariston Verlag, Kreuzlingen, 1997

Gessmann, Martin, Philosophisches Wörterbuch, 23.Aufl., Alfred Kröner Verlag, Stuttgart, 2009

Gigerenzer, Gerd, Bauchentscheidungen, Die Intelligenz des Unbewussten und die Macht der Intuition, Wilhelm Goldmann Verlag, München, 2008

Graumann, Dieter, Niemals nachlassen, in: Frankfurter Allgemeine Zeitung für Deutschland, vom 23. 8. 2012, Seite 8

Grosser, Alfred, Verschleierung als Methode, in: Wickert, Ulrich, Das Buch der Tugenden, Piper Verlag, München, Zürich, 2009

Haanel, Charles F., The Master Key System, Der Universalschlüssel zu einem erfolgreichen Leben, 2. Aufl., Wilhelm Goldmann Verlag, München, 2008

Harrold, Fiona, Lifecoach, So übernehmen sie die Regie in Ihrem Leben, Wilhelm Heyne Verlag, München, 2007

Höffe, Otfried, Lexikon der Ethik, 7. Auflage, Verlag C.H. Beck, München, 2008

Hoffmeister, Johannes, Wörterbuch der philosophischen Begriffe, 2. Aufl., Felix Meiner Verlag, Hamburg, 1955

Huber, Wolfgang, Ethik, Die Grundfragen unseres Lebens von der Geburt bis zum Tod, Verlag C.H. Beck, München, 2013

Hufen, Friedhelm, Staatsrecht II, Grundrechte, 5.Aufl., Verlag C.H. Beck, München, 2016

Jonas, Hans, Das Prinzip Verantwortung, Versuch einer Ethik für die technologische Zivilisation, Suhrkamp Taschenbuch, Frankfurt a.m., 2003

Kant, Immanuel,
- Die Metaphysik der Sitten, Philipp Reclam jun., Stuttgart, 1990; (zitiert: Kant, MS)
- Grundlegung zur Metaphysik der Sitten, Kommentar von Christoph Horn, Corinna Mieth und Nico Scarano, 3. Aufl., Suhrkamp Studienbibliothek 2, Frankfurt a.m., 2013; (zitiert: Kant, GMS)

Kast, Bas, Wie der Bauch dem Kopf beim Denken hilft, Die Kraft der Intuition, Fischer Taschenbuch Verlag, Frankfurt a.m., 2009

Kaufmann, Arthur, Rechtsphilosophie, 2. Aufl., C.H. Beck Verlag, München, 1997

Knoepffler, Nikolaus, Angewandte Ethik, Ein systematischer Leitfaden, Böhlau Verlag, Köln, Weimar, Wien, 2010

Kübler- Ross, Elisabeth, in: Kübler-Ross, Elisabeth und Kessler, David, Geborgen im Leben, Wege zu einem erfüllten Dasein, Kreuz Verlag, Stuttgart, Zürich, 2001

Küng, Hans, Was ich glaube, 8. Aufl., Piper Verlag, München, 2010

Lakhiani, Vishen, Lebe nach deinen eigenen Regeln, 10 Schritte zum unkonventionellen Denken, 2. Aufl., Allegria, Berlin, 2017

Lazarus, Arnold A. und Lazarus, Clifford N., Der kleine Taschentherapeut, In 60 Sekunden wieder o.k., Klett-Cotta, Stuttgart, 1999

Maihofer, Werner, Rechtsstaat und menschliche Würde, Vittorio Klostermann, Frankfurt a.M., 1968

Millman, Dan,

- Die Goldenen Regeln des friedvollen Kriegers, Ein praktisches Handbuch, Wilhelm Heyne Verlag, München, 2008; (zitiert: Millman, Die Goldenen Regeln)
- Die universellen Lebensgesetze des friedvollen Kriegers, Wilhelm Heyne Verlag, München, 2005; (zitiert: Millman, Die universellen Lebensgesetze)

Müller-Kainz, Elfrida und Sönning, Christine, Die Kraft der Intuitiven Intelligenz, Der Schlüssel zu Ihrem Lebenserfolg, Knaur MensSana, München, 2004 (zitiert: Müller-Kainz und Sönning)

Oesch, Emil,

- Am Steuer Deines Lebens, Kerngedanken zum positiven Leben, Wilhelm Heyne Verlag, München, 1988
- Die Kunst, Zeit zu haben, Ratschläge für den Umgang mit unserem kostbarsten Gut, mvg-Verlag, Landsberg am Lech, 1999

Ozankom, Claude, Herausforderung Solidarität: Die umstrittene Aktualität eines Grundwertes afrikanischer Weltsicht, in: Sedmak, Clemens (Hrsg.), Solidarität, Vom Wert der Gemeinschaft, Wissenschaftliche Buchgesellschaft, Darmstadt, 2010

Panza, Christopher und Potthast, Adam, Ethik für Dummies, Wiley-VCH Verlag, Weinheim, 2011 (zitiert: Panza und Potthast)

Počivavšek, Ludvik, Selbstverwirklichung: eine Analyse aus psychologischer und ethischer Sicht, Peter Lang, Europäischer Verlag der Wissenschaften, Frankfurt a.M., 2002

Popper, Karl R., Duldsamkeit und intellektuelle Verantwortlichkeit, in: Wickert, Ulrich, Das Buch der Tugenden, Piper Verlag, München, Zürich, 2009

Prisching Manfred, Solidarität und europäische Lifestyles, in: Sedmak, Clemens (Hrsg.), Solidarität, Vom Wert der Gemeinschaft, Wissenschaftliche Buchgesellschaft, Darmstadt, 2010

Schischkoff, Georgi, Philosophisches Wörterbuch, 18. Aufl., Alfred Kröner Verlag, Stuttgart, 1969

Schopenhauer, Arthur, Preisschrift über die Grundlage der Moral, in: ders., Über die Freiheit des menschlichen Willens, Über die Grundlage der Moral, kleinere Schriften II, Diogenes Verlag, Zürich, 1977

Schweppenhäuser, Gerhard Grundbegriffe der Ethik zur Einführung, Junius Verlag, Hamburg, 2003

Seel, Martin, 111 Tugenden, 111 Laster, Eine philosophische Revue, 3. Aufl., S. Fischer Verlag, Frankfurt a.M., 2012

Sonderegger, Arno, Vom Wert und Kampf um Autonomie: Freiheit und Afrika, in: Sedmak, Clemens (Hrsg.), Freiheit, Vom Wert der Autonomie, Wissenschaftliche Buchgesellschaft, Darmstadt, 2012

Spezzano, Chuck, Emotionale Reife, Die Heilung der Gefühlswelt, Verlag Via Nova, Petersberg, 2014

Taylor, Sandra Anne, Geheimnisse des Erfolgs, Die erstaunliche Gesetzmäßigkeit hinter Wohlstand und Glück, Goldmann Arkana, München, 2009

Wahrig, Fremdwörterlexikon, Wahrig – Burfeind, Renate, 8. Aufl., Wissenmedia, Gütersloh, München, 2012

Wetz, Franz Josef, Adel des Menschen, Patristik – Mittelalter – Renaissance in Sedmak, Clemens (Hrsg.), Menschenwürde: Vom Selbstwert des Menschen, Wissenschaftliche Buchgesellschaft, Darmstadt, 2017

Williams, Nick, Liebe die Arbeit für die du geboren bist, 12 Grundprinzipien, Verlag Via Nova, Petersberg, 2003

Winkler, Heinrich August, Geschichte des Westens, Die Zeit der Gegenwart, 2. Auflage, Verlag C. H. Beck, München, 2015

Zichy, Michael, Menschenwürde und Menschenbild, in Sedmak, Clemens (Hrsg.), Menschenwürde: Vom Selbstwert des Menschen, Wissenschaftliche Buchgesellschaft, Darmstadt, 2017

Sachregister

Mut 187 f

N

Nächstenbereich 20 f

Nächstenwert 20, 99 f

Nächstenwertauftrag 20 f
99 ff, 110 f

Nächstenwohl 105

Nächstenwohlauftrag 20 f,
105 ff, 110 f

Negative Einstellungen und
Verhaltensweisen
  Beseitigen 72 ff
  Entstehen 69 f
  Vermeiden 70 ff

P

Problemlösung 157 ff

S

Selbstbeherrschung 186

Selbstverwirklichung 15 f,
19 ff

Sinnbereich 38 ff, 94

Sozialwert 41 f, 49

Spiritualwert 36 ff, 48 f

T

Tagesplan 196 ff
  Ausführung der Tagesziele 207 ff
  Auswahl der Tagesziele 199 ff
  Einstellung auf die Tagesziele 203 ff
  Grundeinstellung 196 ff

Tagesziele
  Ausführung der Tagesziele 207 ff
  Auswahl der Tagesziele 199 ff
  Einstellung auf die Tagesziele 203 ff

Toleranz 178 ff

U

Umweltbereich 20 f

Umweltwertauftrag 21, 120 f

Umweltwohl 21

Umweltwohlauftrag 21, 122

V

Verantwortlichkeit 175 f

Vertrauen 66 f

Vorstellen 136 ff

W

Wahrhaftigkeit 176 f

Weg- und
Zielanpassungsverfahren
209 f

FSC
www.fsc.org
MIX
Papier | Fördert
gute Waldnutzung
FSC® C083411

Zeitfracht Medien GmbH
Ferdinand-Jühlke-Straße 7
99095 Erfurt, Deutschland
produktsicherheit@kolibri360.de